Victor Bettencourt

Du Choix
d'une Carrière
indépendante

PARIS

LIBRAIRIE Vᵉ CH. POUSSIELGUE

15, RUE CASSETTE, 15

—

1903

DU CHOIX

D'UNE

CARRIÈRE INDÉPENDANTE

VICTOR BETTENCOURT

AVOCAT A LA COUR D'APPEL

VICE-PRÉSIDENT DE LA JEUNESSE CATHOLIQUE DE PARIS

Du Choix

d'une Carrière

indépendante

Iᵉ SÉRIE

AGRICULTURE ET INDUSTRIE

PROFESSIONS LIBÉRALES

COLONISATION

PARIS

LIBRAIRIE Vᵛᵉ CH. POUSSIELGUE

15, RUE CASSETTE

1903

AUX JEUNES CATHOLIQUES

« Que vais-je faire ? » Voilà une question qu'on se pose trop tard, et bien rares cependant sont aujourd'hui les jeunes gens dont la voie est toute tracée d'avance.

Beaucoup hésitent, flottent d'une idée à une autre ; ils aimeraient trouver quelqu'un qui les aidât à arrêter leur choix, leur montrât la carrière où ils auront le plus d'influence et où ils pourront davantage servir l'Église et leur pays.

Cette préoccupation ne devait pas laisser indifférents les éducateurs catholiques.

Au mois d'août 1900, réunis en Congrès à Bruxelles, les délégués de l'Alliance des Maisons d'éducation chrétienne, se tournant du côté de leurs anciens, leur disaient : « Vous, qui avez renoncé aux carrières officielles et qui, par votre travail, vous êtes déjà fait une situation, encouragez et facilitez les efforts de ceux qui désirent suivre votre exemple. L'avenir, vous l'avez bien compris, est aux carrières indépendantes, aux carrières productrices. Les agriculteurs, les industriels, les commerçants, voilà, avec les médecins, les avocats, les ingénieurs, les hommes à influence. Que cette élite soit chrétienne, et bien vite la France aura recouvré son ancienne foi. »

*Ce langage était fait pour plaire à l'Asso-*ciation catholique de la Jeunesse française.

On lui demandait de travailler pour sa part et dans la mesure de ses forces au relèvement national par le développement de l'influence professionnelle. C'était là un apostolat pratique, tangible, servant à souhait ses tendances.

Chaque mois, dans la Revue de la Jeunesse catholique *et dans* l'Enseignement chrétien, *on trouva dès lors, sous le titre général :* le Lendemain de l'école, *un article capable d'éclairer les jeunes, soucieux de leur avenir.*

Lectures nombreuses et variées, enquêtes près d'hommes compétents, rien ne fut négligé pour la préparation de ces études. Le bon accueil qu'elles ont reçu détermine aujourd'hui leur auteur à les publier en volume.

Puisse cet ouvrage rendre quelques services; il est né du grand désir d'éviter aux autres les mécomptes que nous avons connus.

Puisse-t-il aussi, témoignage de vraie solidarité, prouver aux élèves de l'enseignement libre, qu'en cette heure de persécution, ils ont des aînés qui s'intéressent à eux.

VICTOR BETTENCOURT,

Vice-président de la Jeunesse catholique de Paris.

**Belle-Roche, par Notre-Dame de Gravenchon (Seine-Inférieure),
4 octobre 1903.**

PREMIÈRE PARTIE

LES CARRIÈRES AGRICOLES ET INDUSTRIELLES

PREMIÈRE SECTION

L'Agriculture.

L'INSTITUT NATIONAL AGRONOMIQUE
— L'ÉCOLE DE BEAUVAIS —
L'ÉCOLE DES HARAS — LES ÉCOLES D'ANGERS ET DE PAU —
LA PROFESSION AGRICOLE

CHAPITRE PREMIER

L'INSTITUT AGRONOMIQUE

Cultiver ses terres, répandre autour de soi le progrès et l'activité, vivre au milieu des ouvriers pour les connaître et s'en faire aimer, exercer avec dévouement les humbles magistratures de sa commune, demeurer libre en étant utile et occupé, enfin demander à la terre la juste rémunération de son labeur, ne serait-ce pas là pour plusieurs un noble et utile emploi de la vie?

D'ailleurs, l'agriculture devient de plus en plus une science; des écoles supérieures se créent chaque jour, qui veulent former l'élite des cultivateurs de demain.

L'Institut national agronomique est l'une de ces écoles.

Préparation. — Il n'y a pas *de limite d'âge* pour

entrer à l'Institut agronomique ; toutefois on ne peut affronter le concours avant dix-huit ans, et, pour profiter de la dispense militaire, il faut être admissible à l'école avant le départ pour la caserne [1].

Les *écoles préparatoires libres* sont peu nombreuses : à Paris, le collège de Vaugirard a un cours très bien installé ; on en organise un au collège Stanislas ; il en existe également un à Saint-Sigisbert de Nancy.

L'Université a ouvert des cours de ce genre dans beaucoup de ses collèges. Le lycée Saint-Louis tient le premier rang par le nombre de ses élèves reçus à l'École depuis sa fondation ; mais c'est à Vaugirard qu'échoit l'honneur de la proportion la plus grande entre le nombre des présentés et le nombre des reçus.

Les *études préparatoires* ne présentent pas une grande spécialisation.

Il est bon d'avoir fait ses « mathématiques élémentaires » ; en outre, l'immense majorité des candidats fait une année de préparation directe, comportant un programme assez détaillé d'histoire naturelle (zoologie, botanique, géologie) et de chimie. Avec beaucoup de travail, on pourrait arriver à voir ce programme en faisant ses « élémentaires », surtout si on était déjà pourvu du baccalauréat « lettres-philosophie ».

D'ailleurs, aucun diplôme n'est exigé. Ceux des écoles pratiques d'agriculture ou du baccalauréat donnent un nombre de points assez important, d'au-

---

[1] Les élèves qui se destinent à l'École forestière et aux Haras doivent avoir fini leurs études avant vingt-trois ans ou avant vingt-cinq ans ; car, passé ces âges, il est impossible d'entrer à l'école de Nancy ou à l'école du Pin.

tant qu'il n'y a pas une très forte proportion de concurrents qui aient leur baccalauréat complet.

Le *concours* comprend une épreuve écrite éliminatoire et un oral. L'écrit se passe à Paris, Alger, Amiens, Bordeaux, Clermont, Dijon, Lyon, Marseille, Nancy, Toulouse, Rennes et Tours, dans la première quinzaine de juin. L'oral se passe à Paris seulement, du 15 au 20 juillet.

Le nombre de candidats, qui avait crû très rapidement, semble demeurer à peu près stationnaire depuis cinq ou six ans; il est de trois cent cinquante à quatre cents pour quatre-vingts admissions en moyenne.

Cependant le concours n'est pas très difficile, surtout l'écrit, les candidats n'étant pas en général bien préparés; mais l'oral est assez sérieux.

Le rang d'entrée n'influe pas sur le classement durant les deux années d'étude à l'école, sauf naturellement « la cote », qui s'attache aux deux ou trois premiers.

Mauvaise chance spéciale mise à part, tout élève moyen, travaillant sérieusement une année après son examen « lettres-mathématiques », est à peu près sûr d'être reçu.

L'ÉCOLE. — Le régime de l'Institut agronomique est l'externat complet pendant les deux années d'étude, qui durent du 15 octobre au 10 juillet. L'assistance aux cours est obligatoire, sauf attestation de maladie signée de la famille ou du correspondant; simple formalité d'ailleurs, qui n'est soumise à aucun contrôle.

Les cours ou exercices ont lieu de huit heures et demie à midi et de une heure et demie à cinq heures, sauf les jours d'examen, où l'on ne quitte guère l'école avant sept heures du soir. On a d'ordinaire une après-midi libre et toujours le dimanche.

Les cours sont gratuits, mais de cette gratuité qui est spéciale à l'État : il faut verser chaque année cinq cents francs à l'école.

Il existe d'ailleurs un grand nombre de bourses; on alloue même à bon nombre d'élèves une somme annuelle de douze cents francs, pour subvenir à leurs dépenses en dehors de l'École.

L'Institut agronomique est situé, 16, rue Claude-Bernard, et l'on peut trouver des logements peu onéreux dans le voisinage ; nous conseillerons cependant à nos amis de se loger de préférence dans le quartier qui s'étend entre Saint-Sulpice, la rue de Vaugirard et le boulevard Saint-Germain. Ils s'y trouveront à proximité de groupements où ils pourront contracter des amitiés précieuses et chrétiennes.

La *composition* de l'Institut agronomique est très mêlée d'origine, de tendances et d'idées. Cependant il est assez facile de s'isoler, quoiqu'il résulte une intimité forcée de la répartition de chaque promotion en huit salles, où l'on passe la plupart des après-midi. On n'a, d'ailleurs, nullement à craindre d'être ennuyé ou taquiné pour ses idées.

Les *professeurs* se maintiennent presque tous strictement dans leur partie et ne font point de prosélytisme; si leur enseignement s'inspire trop souvent de l'évolutionnisme absolu, ils ignorent les opinions des élèves, ou du moins ne semblent pas en tenir grand compte dans leurs notations.

Les *études* sont très variées et très théoriques :

chimie pour une très large part, géologie, mécanique (hydraulique et moteurs); botanique, zoologie (animaux nuisibles); zootechnie (élevage, agriculture proprement dite); technologie agricole (industries agricoles : sucrerie, féculerie); machines agricoles.

Elles sont complétées par des manipulations chimiques au laboratoire, des études au microscope, et des visites d'exploitations agricoles.

Il y a, au premier de l'an et à Pâques, des *congés* de six et dix jours. Pendant les grandes vacances (10 juillet au 15 octobre), il faut faire un stage de deux mois dans une ferme, sur laquelle on doit fournir un rapport et un journal. La note entre pour une part importante dans le classement final.

Ce *classement* est établi d'après l'ensemble de toutes les notes obtenues au cours des deux années, sans qu'il y ait des périodes spéciales d'examens.

Les deux premiers classés obtiennent une bourse pour deux ans d'études ou de voyage à l'étranger : ils choisissent le pays où ils désirent passer ces deux ans.

Tous ceux qui ont comme moyenne générale 13,5 sur 20 obtiennent le diplôme d'Ingénieur agronome. Parmi ceux-ci, les soixante premiers seulement sont en principe dispensés de deux ans de *service militaire;* en pratique, aucun de ceux qui ont obtenu le diplôme n'a passé plus d'une année à la caserne. Ceux qui entrent à l'Institut agronomique avant d'avoir fait leur service, et qui se trouveraient appelés sous les drapeaux à la fin de leur première année, ne peuvent pas obtenir de sursis; il leur faut donc satisfaire à cette obligation, à moins (ce que beaucoup préfèrent) d'accomplir leur année de service aussitôt après leur admission et avant d'entrer à l'école.

Dans le cas de non obtention du diplôme, deux années de service restent à faire.

AVENIR. — De l'Institut agronomique ne devraient sortir que des agriculteurs; il n'en est malheureusement pas ainsi.

L'Institut donne directement accès à l'*école des Eaux et Forêts*, et à l'*école des Haras*.

Son diplôme permet de concourir pour la situation d'*élève consul*, et beaucoup de jeunes diplômés trouvent dès leur sortie à se caser, assez misérablement d'ailleurs, comme *chimistes* des laboratoires du ministère des finances et de la ville de Paris. La proportion de fonctionnaires provenant de cette école est considérable. Sur sept cent soixante élèves inscrits à l'annuaire de l'Association amicale, on n'en compte pas moins de quatre cent quarante et un rétribués par l'État ou attachés au *Crédit foncier*. Il convient de signaler dans cette catégorie une foule de *professeurs d'agriculture* de département, d'arrondissement, d'écoles pratiques. -

On ne trouve, par contre, que :

> 140 agriculteurs ou éleveurs,
> 65 industriels,
> 26 colons.

L'Institut agronomique ne répond donc pas complètement à l'idée de ses fondateurs. Quand M. le vicomte de Meaux, sous le ministère de Broglie, songeait à l'organisation d'une École supérieure d'agriculture, nous savons pertinemment que, ce qu'il avait en vue, c'était procurer aux fils de *propriétaires fonciers* l'étude théorique et pratique de la science agricole. Telle était bien aussi la conception du comité d'organisation et de son secrétaire très dévoué, M. de Felcourt. Au lieu de se dispenser du service militaire, en gaspillant cinq ou six ans de son existence sous prétexte d'études de droit, on rêvait pour beaucoup de jeunes gens de les voir se préparer utilement à la vie d'agriculteur. Cette vie ne leur assurerait-elle pas une grande influence parmi leurs concitoyens ?

Quoi qu'il en soit, l'Institut peut conduire à l'agriculture ; non qu'il permette à tout diplômé de prendre en main une importante exploitation à la sortie de l'école, mais parce qu'après un an ou deux d'apprentissage dans une ferme bien tenue, l'ingénieur agronome sera capable d'être à la tête d'un vaste domaine.

Les *colonies* devraient offrir un débouché beaucoup plus important aux jeunes gens qui, possédant quelques capitaux, se sont initiés à la science agricole en suivant les cours de l'Institut agronomique.

Malheureusement, l'École n'a qu'un seul cours d'agriculture coloniale, et en quinze leçons on ne peut apprendre que bien peu de choses ; mais les notions générales acquises et complétées, soit aux colonies directement, soit en France par un stage pratique, permettent de remédier à cette insuffisance.

Peut-être aussi faut-il remarquer que bon nombre de fonctionnaires des colonies (directeurs d'agriculture, chefs de stations agronomiques) étant des anciens de l'Institut, l'élève de cette école peut à ce titre obtenir plus facilement sur place renseignements et conseils nécessaires à tout nouveau colon.

L'industrie agricole (sucrerie, distillerie, fromagerie, laiterie, féculerie, chocolaterie) prend un nombre assez considérable d'ingénieurs agronomes, et il y a là un véritable avenir. D'abord secondaire, la situation de ce jeune homme pourra bientôt devenir prépondérante à l'usine. Celle-ci fonctionne avec assez peu de main-d'œuvre, et généralement il n'est point besoin d'une mise considérable de capitaux.

Les connaissances de chimie acquises peuvent enfin permettre l'accès en des usines même peu agricoles (teinturerie, produits chimiques).

Il existe une *Association amicale d'anciens élèves de l'Institut agronomique,* où règne pour le moment beaucoup d'esprit de corps et de solidarité. On se trouve, par le bulletin mensuel qu'elle publie, au courant d'une foule de situations à prendre dans l'industrie, l'agriculture et les colonies.

CHAPITRE II

L'INSTITUT AGRICOLE DE BEAUVAIS

Les besoins du temps présent, la mise à l'écart des fonctions publiques, certaines aspirations d'indépendance et d'initiative chez les jeunes gens, voilà autant de motifs qui doivent fournir des élèves à l'Institut agricole de Beauvais.

En 1854, un humble frère des Écoles chrétiennes, encouragé et aidé par un homme de foi vive et d'esprit perspicace, fonde dans cette ville une modeste école d'agriculture. En 1900, cette école, connue du monde entier et justement célèbre, obtient à l'Exposition universelle la plus haute récompense qui puisse être attribuée : la grande médaille d'or.

Admission. — N'entre pas qui veut à Beauvais.

Il y a d'abord une condition d'*âge* : les candidats doivent avoir seize ans accomplis; ils sont de plus astreints à subir un *examen* d'admission, dont les seuls bacheliers sont dispensés. Cet examen comprend un écrit et un oral; il se passe au mois de septembre et porte sur l'orthographe, la langue française, l'arithmétique, la géométrie, l'algèbre, l'histoire et la géographie. Cet examen est assez facile, et ceux-là même qui n'ont point été admissibles peuvent se consoler, car ils sont reçus à Beauvais en un cours préparatoire, où on les dispose à réparer victorieusement l'échec qu'ils ont d'abord subi.

La *durée des études* est de trois ans. Les bacheliers et autres élèves qui, après examen, justifient des connaissances sérieuses, ne demeurent cependant que deux années à l'Institut agricole.

Le *prix de la pension* est de dix-huit cents francs par an; prix qui semble un peu élevé, mais qui s'explique par le confort dont jouissent les élèves, qui ont chacun leur chambre. La pension se paye en trois termes de six cents francs et d'avance.

L'ÉCOLE. — *L'esprit chrétien* règne en maître à l'Institut agricole.

Point de punitions, bonnes pour les enfants, mais un régime vraiment viril. « L'avertissement particulier » met en garde contre une habitude qui pourrait devenir une faute; « la réprimande publique » est un appel au respect de soi-même et au sentiment de l'honneur; enfin « la consigne à la chambre » est une punition grave et rarement employée.

Une congrégation de la Sainte-Vierge, qui comprend plus de trente membres, groupe l'élite de l'école; une conférence de Saint-Vincent de Paul initie les jeunes élèves aux pratiques de la charité; enfin des conférences religieuses, faites par MM. les aumôniers, préparent les futurs agriculteurs à défendre leur foi dans les milieux où ils seront appelés à vivre.

L'enseignement est théorique et pratique; donné par des maîtres religieux et laïcs, il est contrôlé par la Société des Agriculteurs de France, qui chaque année désigne une commission chargée de décerner les diplômes et brevets.

L'enseignement théorique comprend des cours d'agriculture générale et spéciale, de zootechnie, de zoologie, d'économie rurale, de comptabilité agricole, de botanique, d'entomologie, de droit rural, d'arboriculture et d'horticulture, de chimie analytique et de mathématiques appliquées, de dessin et d'architecture.

Fondé pour être surtout une école de pratique, l'Institut de Beauvais fait, on vient de le voir, une large part aux études scientifiques. Trois après-midi par semaine sont consacrées à *l'enseignement pratique;* celui-ci est donné sur des fermes appartenant à l'Institut, et ayant une contenance de plus de deux cents hectares.

A la « ferme du Bois », à « Beauséjour », à « la Mie-au-Roy », au « Marais », l'étudiant de Beauvais devient tour à tour agriculteur, éleveur, horticulteur et jardinier; c'est un « homme pratique »; pour nous en convaincre, suivons-le à la ferme du Bois.

Nous commençons notre visite par l'écurie; honneur au cheval, le plus noble animal de la création! Là, nous voyons neuf juments poulinières, deux chevaux hongres et une dizaine de poulains de différents âges. Tel de ces poulains a son histoire; ses ancêtres sont illustres, et un de ses frères aînés a été vendu quatorze cents francs, n'ayant encore que quatre mois.

A la vacherie, nous admirons de beaux spécimens des races flamande, normande et hollandaise. Telle génisse sera primée à quelque grand concours; telle autre en revient et a obtenu ruban et médaille.

Et en entendant l'ancien de Beauvais qui nous donne ces détails, on sent combien il aime l'agriculture, combien ses maîtres lui ont appris à apprécier la vie des champs.

Nous pouvons encore admirer un magnifique troupeau de moutons; et si les voisins des brebis nous arrêtent moins longtemps qu'elles, leurs noms illustres cependant : verrat yorkshire, craonnais ou normand, nous convainquent que tous les genres et toutes les variétés sont représentés à la ferme du Bois.

Je ne parlerai pas longuement des cultures, c'est l'assolement de neuf ans qui est en vigueur; chaque « compost », — on me pardonnera un mot sentant le terroir, — est de treize hectares.

Le blé et l'avoine donnent de bons rendements; et l'Institut a sa « pomme de terre » ayant une histoire, un passé, et surtout un goût exquis que connaissent bien les élèves de l'école.

L'Institut a son moulin, son jardin botanique, et même son vignoble.

Enfin, un parc de douze hectares complète le beau domaine des Frères. « Beauséjour, » tel est le nom de cette acquisition relativement récente. C'est là que pendant l'été les élèves viennent prendre leurs récréations, et s'exercer à la plantation, à la taille des arbres, aux travaux d'horticulture.

De fréquentes excursions agricoles, la visite des meilleures exploitations, la présence aux marchés, aux concours régionaux, complètent l'ensemble des études pratiques.

On mène donc douce et utile vie à Beauvais, et encore on a des vacances : du 15 août au 15 octobre; huit jours au premier de l'an et quinze jours à Pâques.

LES ÉLÈVES DE BEAUVAIS DANS LA VIE. — Une *Association amicale d'anciens élèves* entretient des rapports étroits entre tous ceux que l'Institut a préparés à la vie agricole; plus de cinq cents anciens sont inscrits à l'Annuaire, et 95 °/₀ d'entre eux sont des « laboureurs », dans le vieux sens de ce mot.

Un compte rendu annuel, en rappelant à chacun le passé, le tient au courant des progrès de l'école, et lui apprend aussi les grands événements de la vie de ses anciens camarades. On se réunit chaque année à l'Institut pour fêter le « Souvenir », et on saisit toutes les occasions de se retrouver ensemble. Ainsi, récemment, le concours des animaux gras, au marché de la Villette, provoqua une joyeuse réunion.

Les anciens de Beauvais ne restent pas non plus étrangers au mouvement social et économique de leur temps. Lors des dernières élections, l'un d'entre eux était élu député dans le Loiret, où il s'est fait une grande situation d'agriculteur; plusieurs sont conseillers généraux, et nombreux sont les maires de leur village.

Quelques-uns ont créé des syndicats; l'un a fondé une association qui comprend plus de deux mille membres, la société de « Saint-Fiacre »; enfin le journalisme agricole a demandé plusieurs de ses rédacteurs à l'Institut.

Aussi, en ce moment où la lutte se fait plus âpre entre les honnêtes gens et les autres..., on doit souhaiter qu'ils deviennent de plus en plus nombreux, les hommes de foi et les hommes de bien formés à l'École des chers Frères de Beauvais.

CHAPITRE III

L'ÉCOLE DES HARAS

L'école des Haras a sa place dans l'étude que nous faisons des écoles supérieures d'agriculture; car là peuvent se former d'excellents *éleveurs*. D'ailleurs, si l'école du Pin est une école de l'État, les anciens élèves des collèges libres n'y font pas mauvaise figure.

L'école du Pin est située à quinze kilomètres d'Argentan, dans le département de l'Orne.

Admission. — Il y a deux catégories d'élèves : les *élèves officiers*, anciens élèves de l'Institut agronomique sortis dans les premiers numéros de cette école, et les *élèves libres*.

L'École. — L'*enseignement* est théorique et pratique, mais très spécialisé au point de vue hippique. L'équitation au manège et à l'extérieur est une branche importante; il y a des cours d'anatomie et de physiologie, de comptabilité administrative, d'anglais, de dessin, d'hygiène et d'agriculture.

Le régime de l'école est le suivant :

Les officiers sont logés gratuitement, mais ils prennent leurs repas au dehors; ils ont un traitement de douze cents francs.

Les élèves libres payent une rétribution annuelle de mille francs.

Tous sont donc forcés de prendre leur pension à l'hôtel; là leur mensualité s'élève à environ quatre-vingt-dix francs; il faut de plus faire entrer dans la composition de son petit budget : l'éclairage, le chauffage, le service.

A part l'assistance aux cours, les élèves jouissent d'une grande liberté; et comme les distractions ne sont pas nombreuses au Pin et dans les environs, tout élève travailleur et voulant s'en donner la peine peut par son propre labeur acquérir, en dehors de sa formation professionnelle, des connaissances très étendues dans le domaine vers lequel le portent davantage les dispositions de son esprit.

Au point de vue professionnel, le Pin est peut-être unique au monde pour se former le coup d'œil et acquérir des connaissances d'homme de cheval.

Les *vacances* sont de cinq jours au nouvel an, de douze jours à Pâques, de deux mois à la fin de l'année scolaire : septembre et octobre.

Avenir. — A la sortie de l'école, les élèves libres rentrent chez eux, possesseurs d'un diplôme qui constate leur science acquise; pour cela, il faut toutefois qu'ils aient heureusement subi les examens de fin d'année.

Les élèves officiers entrent dans l'administration des

Haras. Celle-ci comporte en France huit dépôts et un personnel d'environ soixante officiers, personnel très choisi, ayant le respect des convictions sincères, et de relations très agréables.

La hiérarchie est la suivante :

Les *surveillants :* leur traitement est de 2,100 francs par an ;

Les *sous-directeurs :* leur traitement est de 3,500 francs ;

Les *directeurs*, dont les appointements en première classe sont de 6,000 francs.

Il y a de plus sept *inspecteurs généraux des Haras*, qui touchent de 8,000 à 10,000 francs.

A la tête de cette administration est le *directeur général*.

De plus, marié ou non, l'officier des haras est toujours logé ; il a quelques petits avantages, comme : un employé à sa disposition pour son service. Les directeurs ont même droit aux soins et à la nourriture de trois chevaux.

CHAPITRE IV

LES ÉCOLES CATHOLIQUES D'AGRICULTURE D'ANGERS[1]
ET DE PAU[2]

Fondée en 1898, et dirigée alors par des Pères de la Compagnie de Jésus, l'*École supérieure d'agriculture d'Angers* donne à ses élèves une formation à la fois théorique et pratique ; elle veut en faire des dirigeants dans le sens le plus élevé du mot.

L'enseignement est de quatre années, et, quoique très diversifié selon les aptitudes et les besoins des élèves, on peut dire cependant qu'il se rattache à trois chefs principaux :

1º Formation scientifique ;

2º Pratique agricole ;

3º Connaissances juridiques.

L'étudiant complète d'abord la culture scientifique qu'il a reçue au collège ; souvent même il prépare les examens de *licence ès sciences*, se dispensant ainsi de deux années de service militaire. La *chimie générale,*

---

[1] Angers, 3, rue Rabelais.
[2] Pau, avenue de Tarbes.

la *chimie agricole et physiologique*, la *botanique*, tels sont généralement les certificats dont le futur agriculteur poursuit l'obtention.

Cet enseignement, spécial à une catégorie particulière d'élèves, est complété pour tous par un enseignement théorique purement agricole.

Une ferme est annexée à l'Institut ; là, les élèves font de la pratique, expérimentent les méthodes qui leur sont enseignées, se forment à l'observation et font l'application de leur savoir.

De fréquentes visites à des exploitations bien tenues complètent cet enseignement et habituent les élèves à faire des rapprochements, à établir des comparaisons. Ainsi, plus tard, ils feront progresser la science agricole, et seront à même d'introduire des améliorations dans leurs cultures.

Enfin, un enseignement de droit, approprié aux besoins de futurs propriétaires, donne à ceux-ci des connaissances indispensables en droit rural, en droit administratif et en économie politique.

Un *laboratoire de chimie analytique* pour les analyses d'engrais, de terres, de substances alimentaires, est annexé à l'école, ainsi qu'une *station d'essais de semences* pour le contrôle des graines livrées par le commerce aux cultivateurs ; ce sont là deux fondations intéressantes et pratiques.

L'Institut d'Angers est en quelque manière « une Faculté agricole », relevant de l'Université catholique de cette ville ; c'est là son originalité, son caractère propre, sa meilleure garantie de succès.

L'Institut trouve dans l'Université, dans son personnel enseignant, dans la variété de ses cours, des ressources inappréciables; aussi les élèves ne sauraient être quelconques.

Ce qu'ils doivent être, M. l'abbé Vétillart nous l'apprend dans sa très intéressante brochure *Que faire de nos fils?* « Les jeunes gens élevés délicatement et qui, de bonne heure, ont goûté aux divertissements mondains, ne sont pas de la graine d'agriculteurs. Le métier est rude et demande des laborieux ; il faut se résigner à certains sacrifices, peu fréquenter les cercles, moins encore les soirées, ignorer à peu près les bals, les sauteries, les cotillons et autres élégances de même acabit ; il faut vouloir travailler et mettre la main à la pâte. »

C'est ce même esprit que nous retrouvons à l'*Institut agricole de Pau* [1]. De fondation récente, cet établissement a, à sa tête, un corps professoral digne de toute confiance, et qui saura continuer et achever l'œuvre commencée il y a quelques années par les Révérends Pères Bénédictins. Dans la région du sud-ouest, l'Institut doit déterminer des vocations agricoles ; il faut qu'il soit un centre d'institutions sociales et de vie catholique ; là aussi, les santés délicates trouveront toutes les conditions nécessaires à leur rétablissement : climat, hygiène, vie au grand air.

Un bulletin, fort bien rédigé, raconte la vie des étudiants; il montre combien est à la fois attrayante et utile l'existence de l'agriculteur. « Il vit journellement, ainsi que l'a écrit M. de Pontmartin, l'idylle gracieuse qui raconte avec une merveilleuse précision, avec une exquise délicatesse, toutes les rumeurs, tous

[1] Prix de la pension : douze cents francs; durée des études : trois ans.

les bourdonnements, tous les murmures de la plaine
à la fin de la journée : il est l'auditeur de ce poème
champêtre où l'on entend le bêlement des troupeaux
ramenés à la bergerie, le chant des pâtres, le tinte-
ment de l'Angélus ; tous ces bruits confus qui s'élèvent
à la nuit tombante, comme une prière de la terre au
ciel. »

Les élèves d'Angers et de Pau ne s'ennuieront jamais.
à la campagne : leurs maîtres leur ont appris à comprendre « la Terre ».

CHAPITRE V

LA PROFESSION AGRICOLE

I. — GENRE DE VIE

Élève, diplômé de l'Institut agronomique ou bien des Écoles de Beauvais, d'Angers, de Pau, l'étudiant agricole en a fini avec la théorie ; mais son initiation est loin d'être achevée.

Il visitera des exploitations bien tenues, il fera un stage auprès d'agriculteurs renommés ; il profitera du savoir des autres et retardera l'heure de l'expérience faite à ses propres dépens ; il s'établira seulement lorsqu'il se sentira capable de prévoir, d'organiser, de diriger.

STAGE PRATIQUE. — Il faut que ce stage soit sérieux, que ce soit une période de dur labeur. Il ne s'agit pas de passer quelques mois à la campagne chez un ami et de goûter les charmes de la nature. Il faut s'astreindre à des travaux que plus tard on ne fera pas soi-même. Durant quelque temps, et quoi qu'il en coûte, il est nécessaire d'être ouvrier agricole, de veiller au pansement des chevaux aussi bien que de tenir les manchons de la charrue. Il est indispensable d'avoir fait ces choses, d'y avoir excellé pour être capable dans la suite de reprendre ses domestiques, de les diriger et de les inspirer ; c'est le meilleur moyen de leur montrer qu'en tout on leur est supérieur et qu'on n'est pas à leur merci.

Ce stage, il sera préférable de ne point le faire trop à proximité des siens : les travaux auxquels on s'astreindra sembleront ainsi moins pénibles, moins humiliants ; les heures perdues seront moins nombreuses, et plus vite on saura quelque chose.

On vient de faire son service militaire ; il faut se dire que maintenant on fait son année de service agricole et être vaillant à la ferme comme on a été vaillant au régiment.

Le choix de l'agriculteur auprès duquel on fera ce stage est extrêmement important ; on choisira un honnête homme, mais à l'honnêteté franche et rude, un maître qui commande et sache dire la vérité.

En vivant à proximité de l'ouvrier, en le voyant de près dans le contact des rapports quotidiens, le futur propriétaire apprendra à connaître l'habitant des campagnes, il en acquerra le maniement, et en même temps, pris de sympathie pour lui, il voudra le façonner et l'élever. L'idéal pour un jeune agriculteur est donc, avant de s'établir, de franchir les différentes étapes de la carrière agricole.

L'éducation passée préservant de la vulgarité, les études scientifiques maintenant appliquées et tenant l'esprit en éveil, l'homme du dedans vivant d'une vie intense par l'observation : voilà autant de garanties que

1*

le stage que nous conseillons n'aura rien de funeste et sera tout profit.

Naturellement, pour s'y soumettre sans danger, il faut par la distinction de l'esprit être toujours supérieur au milieu dans lequel on se trouve, et par l'hérédité familiale être de ceux qui jamais ne se commettent parce qu'une secrète répulsion les écarte de tout ce qui est vulgaire et bas.

Avec une telle trempe de caractère on a des chances d'être un homme, et, après un semblable stage, un bon agriculteur.

L'ÉTABLISSEMENT. — Fera-t-on valoir ses biens? exploitera-t-on la propriété d'un autre?

Question d'espèce, de traditions de famille, de capitaux disponibles ; mais, propriétaire ou fermier, le jeune homme auquel nous nous adressons et qui sera un dirigeant de l'agriculture devra avoir une exploitation minimum de quatre-vingts à cent hectares, la *grande culture* seule étant rémunératrice pour celui qui ne travaille pas de ses mains.

Que vaut l'hectare de terre? combien se loue-t-il? La réponse diffère avec les contrées et, dans une même région, d'après les lois de l'offre et de la demande. Un exemple : à X***, en Normandie, trois grands propriétaires se disputent tous les biens à vendre, en voulant chacun arrondir leur domaine ; dans ces conditions, l'hectare de terre s'est vendu jusqu'à six mille francs, c'est là un prix anormal. A côté, la même rivalité n'existe pas : l'hectare vaut de trois mille à quatre mille francs, et la location moyenne est de quatre-vingts à cent vingt francs.

Les grands domaines se vendent meilleur marché que les petits, les acquéreurs étant moins nombreux ; puis il est des occasions avantageuses : un propriétaire s'est ruiné pour créer une ferme modèle, il est forcé de la vendre ; et son malheur fait le bonheur d'un autre ; il ne faut donc pas trop se presser d'acheter.

Le prix de location, ou la rente de l'argent consacré à l'achat d'un domaine, voilà une première dépense annuelle pour l'agriculteur. Il en est d'autres.

Il lui faut un capital pour faire marcher son exploitation ; dans la grande culture, ce capital minimum devra être d'une quarantaine de mille francs. Achat des bestiaux qui garniront la ferme, des instruments aratoires, des fourrages et des premières semences d'une part ; entretien de la maison et salaire des domestiques d'autre part, réclament cette somme. Dans l'agriculture, en effet, les premiers bénéfices sont longs à venir ; il faut pouvoir attendre.

Une année s'écoulera avant la première récolte, dix-huit mois avant la première vente de produits, deux ans avant les premiers départs de l'étable ; c'est à la troisième ou à la quatrième année d'établissement qu'on sera sérieusement rémunéré.

Beaucoup de ruines et de découragements proviennent de ce qu'on a oublié ces choses.

L'agriculteur doit encore avoir une réserve de fonds pour satisfaire aux exigences du fisc. Comme à plaisir, nos législateurs semblent vouloir écraser l'agriculture.

Le rural paye des impôts à l'État, au département, à la commune ; il fait des prestations ; son bail doit être enregistré ; à la ville voisine, avant de faire pénétrer ses produits, il acquitte l'octroi ; enfin devient-il acquéreur, perd-il quelqu'un des siens, il est écrasé par les droits, qui toujours augmentent, de mutation et de succession.

L'impôt nous conduira bientôt au socialisme d'État ; les électeurs peuvent empêcher qu'il en soit ainsi, et tous y ont intérêt.

Malgré les charges dont il est écrasé, l'agriculteur cependant réussira s'il les prévoit, s'il vit en conséquence, et s'il sait calculer la juste proportion entre ses mises de fonds et ses chances de recouvrement.

La carrière. — La présence constante sur son domaine, la surveillance de chaque instant, voilà deux choses qui s'imposent d'abord. Le premier levé, l'agriculteur doit être le dernier couché. Qui n'est pas matinal, ou qui n'est pas capable de le devenir, le jeune homme qui, à quatre heures en été, à six heures en hiver, n'est pas debout, n'est pas à sa place à la tête d'une exploitation rurale, il n'y réussira pas.

Plus que les hommes auxquels on commande, il faut savoir affronter les intempéries et, quand le travail fléchit, être capable par l'exemple d'entraîner son monde ; en un mot, il faut être viril.

A cela il y a tout avantage : chaque jour on vit plus d'heures, et à la fin de la carrière on compte plus d'années.

La prévoyance et le coup d'œil, voilà d'autres qualités indispensables.

Le temps menace, on concentre tout son monde sur la partie de la ferme où la besogne est le plus urgente ; on active les travailleurs ; la moisson en péril est rentrée avant l'orage ; c'est un bénéfice réalisé.

Se défaire d'un bétail qui est de mauvaise venue, qui, selon le mot de la campagne, ne « profite » pas, et le remplacer par un bon produit : autre bénéfice.

Dans le choix de ses cultures, tenir compte de la nature du sol ; dans la répartition de ses assolements, de la facilité des débouchés, voilà autant de facteurs de succès. Le jeune homme qui sait interroger apprendra beaucoup de choses.

A l'heure actuelle, lui dira-t-on, la vente des bestiaux gras semble très rémunératrice, il ne faudrait donc pas la négliger ; à cela d'ailleurs il y a de multiples avantages.

L'animal de boucherie exige une abondante nourriture d'hiver ; cette nourriture se compose de betteraves, de pommes de terre, de carottes ; ces différentes cultures réclament beaucoup d'entretien, des sarclages fréquents ; la terre ainsi nettoyée produira plus tard de meilleures récoltes de céréales, et, dans une ferme y a-t-il de florissantes moissons, la paille abonde au grenier ; quand les bestiaux gardent l'étable, on leur en fait une épaisse litière ; la litière devient fumier, et le fumier devient engrais ; la terre est riche, et l'agriculteur l'est par contre-coup.

Apporter un grand souci au choix des races les meilleures sera un autre et très profitable conseil.

Le durham, dira par exemple l'homme d'expérience à l'agriculteur novice, est, au point de vue boucherie, le spécimen le plus parfait de l'espèce bovine, et cela tient à sa conformation. Alors que, chez la plupart des bœufs, les côtes se terminent en pointe, formant « ogive » si le mot peut ici s'employer, chez la race de durham, elles prennent la forme cylin-

drique ; il en résulte une aptitude spéciale à l'engrais-
sement.

Quatre années sont nécessaires pour qu'un bœuf
ordinaire arrive à son maximum d'embonpoint ; en
deux ans, le durham a atteint sa complète croissance,
et un an après il est bon à vendre comme animal gras ;
par contre, comme laitières, les vaches durham ne sont
pas à conseiller.

Posséder de beaux produits, c'est là une source de
bénéfices ; ce peut être aussi une cause de popularité,
si on met généreusement à la disposition de ses voisins
ses taureaux et ses étalons reproducteurs.

La culture savante combattra également un préjugé
enraciné dans nos campagnes : le respect de la jachère.

Partout l'oisiveté est funeste ; pour l'homme, a-t-on
dit, la paresse est la mère de tous les vices ; pour la
terre, le repos, c'est une floraison de plantes sauvages
et malsaines.

Ce qu'il faut, ce n'est pas laisser la terre vacante,
mais varier les cultures ; chacune appelle le suc qui
lui est propre, et ainsi le sol n'est pas épuisé.

Une comptabilité bien tenue, qui rend compte de la
vie de la ferme, préservera des craintes inutiles ou des
amères déceptions ; ainsi toujours on saura où l'on en
est.

II. — L'INFLUENCE SOCIALE A LA CAMPAGNE

RENDRE DES SERVICES. — Un jour, raconte quelque
part M. de Gailhard-Bancel, je descendais les coteaux
qui dominent notre vallée de la Drôme ; je venais de
faire une conférence à la Roche-sur-Grâne, et j'avais

comme compagnon de route un paysan, Célestin Fraud. Pendant que nous cheminions, tout à coup, au détour d'un chemin, j'aperçus mon habitation qui émergeait des arbres, presque en face de nous, au loin dans la vallée ; surpris, je laissai échapper cette exclamation : « Tiens ! d'ici on voit les Ramières.

— Oh ! oui, monsieur, répliqua Fraud avec son bon sourire, nous le voyons de chez nous, votre château ; nous aimons à le voir, nous le regardons souvent ; cela nous donne du courage, c'est notre étoile. »

S'attirer un jour semblable éloge, mériter pareil merci, voilà le souhait que je forme pour mes lecteurs qui embrasseront la carrière agricole. Pour cela il faut que, comme M. de Gailhard-Bancel, ils vouent leur vie au service de leurs concitoyens.

« Que d'heureux on ferait du bonheur qui se perd ! » a-t-on écrit. Le jeune propriétaire chrétien dont nous esquissons la vie fera en sorte que le nombre des heureux se multiplie autour de lui.

Pour cela, qu'a-t-il à faire ?

Tout jeune, à sa sortie du collège, et même dès ses vacances de rhétoricien ou de philosophe, il groupera autour de lui les enfants du village [1], il les fera jouer, et par sa gentillesse et sa simplicité il gagnera les cœurs.

Trop souvent les hommes se haïssent parce qu'ils ne se connaissent pas, ou parce qu'ils s'ignorent ; que, de la plaine, les enfants montent au manoir le jeudi ou le

[1] Sur les œuvres post-scolaires, on consulterait avec profit : Max Turmann, *Au sortir de l'école*, et *l'Éducation populaire*. Lecoffre. — Abbé Millot, *Que faut-il faire pour le peuple?* Lecoffre.

dimanche pour prendre leurs ébats dans les allées du parc, et, plus tard, les enfants devenus hommes reprendront le même chemin pour demander conseil et appui.

Cela, certes, réclame de la part de la jeunesse riche un effort, une certaine régularité qui astreint et qui gêne ; mais le privilège ne s'explique et ne peut se légitimer que s'il suppose des devoirs corrélatifs ; d'ailleurs, selon le mot d'un homme d'œuvres, tôt ou tard on n'aime de soi que ce qu'on en a donné aux autres.

Les rapports fréquents font naître la sympathie, la confiance réciproque ; celle-ci doit doter les campagnes d'institutions sociales qui assureront aux cultivateurs un peu plus de prospérité ; j'ai nommé les *syndicats*[1] et leurs annexes : *caisses de crédit agricole, assurances contre la mortalité du bétail.*

LES SYNDICATS. — Les syndicats agricoles sont nés de la loi du 21 mars 1884.

Grâce à eux, les cultivateurs peuvent dorénavant s'unir pour la défense de leurs intérêts ; ainsi ils achèteront à meilleur compte des semences, des instruments aratoires, etc...

Rien n'est facile comme de donner naissance à un syndicat. Un homme d'initiative convoque les cultivateurs de sa commune ; la plupart répondent à son appel ; on élabore des statuts ; lorsque ceux-ci sont arrêtés, les fondateurs y apposent leur signature ; on tient une assemblée générale ; un bureau est élu.

---

[1] Lire : *les Syndicats agricoles et leur œuvre,* par le comte DE ROCQUIGNY. Colin. — *Quinze années d'action syndicale,* par M. DE GAILHARD-BANCEL. Lamulle et Poisson.

Alors président et secrétaire signent et déposent à la mairie du siège du syndicat :

1º Deux exemplaires des statuts ;

2º Deux listes des membres du bureau.

De leur dépôt ils demandent reçu ; à partir de ce moment, le syndicat a existence légale.

Le jour même de la constitution du bureau, dans une deuxième et dans une troisième séance, on peut constituer une caisse locale de crédit agricole, et une caisse d'assurance mutuelle contre la mortalité du bétail ; de ces deux institutions nous dirons quelques mots.

Le crédit agricole. — L'une des causes de ruine de la petite agriculture, c'est le manque de ressources, d'avances ; l'absence d'argent empêche les opérations avantageuses, précipite les ventes, met obstacle aux acquisitions ; à ces inconvénients, l'institution dont nous parlons peut remédier.

Nous n'en décrirons pas le mécanisme ; nous ne répéterons pas les objections qu'on peut lui adresser. Sous forme de causerie populaire, M. de Bizemont a publié récemment une *Monographie de caisse rurale*[1] ; nous y renverrons nos lecteurs ; toutefois à cet opuscule nous emprunterons un trait qui montre sur le vif les services que peut rendre le crédit agricole bien compris :

A X*** vivait une famille composée du père, ancien soldat infirme, incapable d'aller en journée ; de la mère, femme honnête et courageuse ; de deux enfants.

---

[1] *Monographie de caisse rurale,* par le vicomte DE BIZEMONT. Imprimerie de *l'Action populaire,* 15, rue d'Angleterre, Lille.

Seule la femme travaillait et gagnait en moyenne un franc par jour, soit trois cents francs par an.

Un cultivateur du village avait l'habitude de donner à l'infirme et à ses enfants un coin de pommes de terre à cultiver, moyennant partage par moitié.

Un matin, un membre de la caisse rurale rencontra la ménagère, et avec elle il échangea ce dialogue :

« Vous devez être fière de votre mari, aucun champ n'est aussi beau que celui qu'il a cultivé.

— Ah ! oui, m'n infirme, il est capable !

— Qu'allez-vous faire de ces pommes de terre ?

— Si j'avais le moyen d'acheter des porcs, avec mon son, mon rebulet, je pourrais les employer moi-même ; mais je suis si pauvre !

— Combien pouvez-vous loger de porcs ?

— Dans ma mauvaise étable, je ne peux pas en mettre plus de trois.

— Eh bien ! achetez-les.

— Monsieur veut bien me prêter de l'argent ?

— Non, pas moi, parce que je ne veux pas me faire de vous tous des ennemis ; mais il y a la caisse rurale.

— Ah ! bien oui, la caisse rurale ! ce n'est pas fait pour des misérables comme nous.

— Détrompez-vous ; empruntez, je serai votre caution. Connaissez-vous dans le village des porcs qui fassent votre affaire ?

— Oui, il y en a chez ma voisine ; elle les laissait hier à un marchand pour trente-trois francs par tête ; on les aurait pour trente-deux francs. »

A midi, trois porcs étaient achetés pour quatre-vingt-seize francs. L'emprunt fut contracté pour quatre mois.

Le 3 novembre, la femme de l'infirme vendait deux de ses porcs pour cent douze francs, remboursait à la caisse les quatre-vingt-seize francs et les intérêts ; il lui restait quinze francs moins quatre sous, et le troisième porc qui, tué à Noël, encombra le saloir de cent cinquante-quatre livres de viande ; c'était la première fois !

Cette simple histoire encouragera, je l'espère, plus d'un grand agriculteur à se dire : « S'il le faut, c'est avec mon argent que j'organiserai le crédit agricole. »

Ceci fait, le paysan donnera à cet acte sa portée : « Quand j'étais dans l'embarras, ce ne sont pas les socialistes, ce n'est pas l'État qui est venu à mon secours ; celui qui m'a aidé à me relever, c'est le monsieur, c'est le clérical, que tous les jours on me disait être mon ennemi. »

LA MORTALITÉ DU BÉTAIL. — C'est un véritable désastre pour un fermier, que la perte de l'un de ses bestiaux. Comment conjurer ou, du moins, atténuer semblable fléau ? Par la création d'une mutualité contre la mortalité du bétail.

Grâce à ce procédé, les cultivateurs d'une même contrée, déjà groupés en syndicat, supportent en commun les pertes qu'individuellement ils pourront subir.

Généralement, chacun d'entre eux verse une cotisation annuelle, cotisation à laquelle peuvent venir s'ajouter des dons et des legs ; en proportion des fonds disponibles, une allocation est donnée à tout sinistré.

Le plus souvent la prime à payer par les adhérents est de 1 %$_0$ de la valeur du bétail assuré pour la race bovine, et 1 fr. 50 pour la race chevaline.

Dans une localité que je connais et où fonctionne une institution de ce genre, la prime donnée aux sinistrés fut d'abord de 50 % des pertes subies; elle est maintenant de 75 %.

Toutes les institutions dont nous venons de parler, en protégeant l'agriculture, préparent ainsi le jour où, celle-ci ayant une sérieuse représentation professionnelle, elle pourra faire entendre sa voix et parler haut et ferme aux pouvoirs publics.

La profession agricole est libre et indépendante; elle est aussi l'une de celles où l'on peut davantage faire le bien autour de soi.

Là est possible l'apostolat de l'exemple, l'influence sur plusieurs. Puissent être nombreux, parmi les collégiens d'hier, ceux qui, en devenant cultivateurs, comprendront la sagesse de ces vers du poète :

> Ah ! qu'importe un éclat futile !
> Être oublié, mais être utile
> Et secourir quelques besoins,
> Aux malheureux donner sa vie,
> Voilà le sort digne d'envie :
> Consoler mieux, éblouir moins.

DEUXIÈME SECTION

L'Industrie.

L'ÉCOLE CENTRALE DES ARTS ET MANUFACTURES —
L'ÉCOLE SUPÉRIEURE D'ÉLECTRICITÉ — L'INSTITUT DE CHIMIE APPLIQUÉE
— L'INSTITUT TECHNIQUE ROUBAISIEN —
L'INSTITUT CATHOLIQUE DES ARTS ET MÉTIERS DE LILLE —
LA PROFESSION INDUSTRIELLE

CHAPITRE PREMIER

La formation de l'ingénieur.

L'ÉCOLE CENTRALE DES ARTS ET MANUFACTURES

Au xixe siècle, une révolution économique se produit
dans le monde du travail. Au labeur individuel du
foyer succède le travail collectif de l'usine ; la machine
précipite la marche du travailleur, il en devient le suivant, le servant presque ; mais ouvrier et force mécanique ont besoin d'une pensée qui dirige leur effort.

Trois hommes à l'esprit prévoyant, Dumas, Péclet,
Olivier, ont l'intuition de ce que réclament les temps
nouveaux ; ils pensent qu'une école doit être fondée,
où se formeront les dirigeants de l'atelier et de l'usine.
L'année 1828 voit cette fondation et la naissance de
l'*École Centrale ;* notre pays est doté d'un nouveau

centre intellectuel, parfaitement approprié aux besoins de l'époque contemporaine.

PRÉPARATION ET EXAMEN. — Aucun diplôme universitaire n'est exigé pour pouvoir prendre part au concours d'admission de l'École Centrale; on ne demande point aux candidats s'ils sont bacheliers, mais on exige d'eux des connaissances que beaucoup de diplômés n'ont point. Généralement, cependant, les concurrents ont leur baccalauréat ès sciences ou de l'enseignement moderne; de plus, ils ont consacré une année, presque toujours deux années même, à la préparation de l'École; souvent, en effet, ils ont fait suivre leur année de mathématiques élémentaires de deux années de mathématiques spéciales.

Les *écoles préparatoires* sont nombreuses; l'Université envoie de préférence ses anciens élèves au lycée Saint-Louis et au lycée Janson-de-Sailly; les collèges libres ont l'embarras du choix entre Stanislas, la rue des Postes, l'école Lacordaire, le pensionnat de Passy et plusieurs collèges de province.

A Passy, le prix de la pension est de 1 600 francs; à la rue des Postes, de 2 000 francs; à Lacordaire, de 2 800 francs, je crois.

Rue des Postes, avant une loi inique qui vient de les en chasser, des religieux étaient préparateurs à nos grandes écoles; d'anciens élèves de l'École Polytechnique et de l'École des Mines, devenus jésuites, guidaient leurs élèves dans la route qu'ils avaient parcourue eux-mêmes autrefois; le dimanche, le professeur de mathématiques devenait professeur de religion; des prêtres et des laïques, amis des proscrits, continuent leur œuvre.

A Passy, ce sont les Frères des Écoles chrétiennes qui sont préparateurs à l'École des Arts et Manufactures.

Il y a *deux sessions d'examens* pour l'École Centrale, celle de juillet et celle d'octobre. — Pour la première session, la demande doit être adressée avant le 20 juillet, et, pour la seconde, avant le 20 septembre.

Sur les matières de l'examen, je ne veux pas appuyer; l'achat du programme renseignera sur ce point mes lecteurs qui se sentiront la vocation d'ingénieur civil; qu'il me suffise de dire que la géométrie, la chimie et la physique font la base de l'examen. — Une connaissance aussi est particulièrement à développer : le dessin; des élèves, et des plus brillants, ont négligé cette partie durant leurs études classiques; pendant leurs vacances et leur séjour à l'école préparatoire, ils devront remédier à cette lacune de leur instruction.

Chaque année, environ deux cent trente candidats sont reçus à l'École Centrale.

L'ÉCOLE. — L'élève auquel je m'intéresse est maintenant à l'École; mêlons-nous à sa vie; suivons-le dans ses études scientifiques et dans ses heures de travail personnel; organisons aussi avec lui son existence au dehors.

Le séjour à l'École est de trois ans.

Avant un arrêté de 1899, les élèves, au milieu de leur seconde année, se spécialisaient dans l'une des quatre branches suivantes : mécaniciens, constructeurs, mineurs métallurgistes, chimistes; dorénavant le diplôme ne portera plus d'indication de spécialité. Grâce à cette mesure, les jeunes ingénieurs sortant de l'École Centrale prendront une décision un peu plus en connaissance de cause, et cela d'après leurs goûts et les offres qui leur seront faites ; leur choix sera plus facile, une option hâtive ne les ayant pas catalogués trop tôt dans une branche spéciale de l'industrie.

Il faut travailler beaucoup à Centrale ; des examens hebdomadaires obligent à un labeur soutenu ; toutes les notes comptent pour le diplôme final ; celui-ci s'obtient après un concours de sortie qui consiste dans l'exécution d'un projet d'ensemble et la rédaction d'un mémoire à l'appui. — L'élève de troisième année a trente jours pour exécuter ce travail, et il doit en soutenir les conclusions devant un jury d'examen.

A la suite de ce dernier concours, de cent cinquante à cent quatre-vingts élèves obtiennent le diplôme d'ingénieur civil des Arts et Manufactures ; vingt à trente reçoivent le certificat de l'École ; quelques-uns enfin s'en vont les mains vides ; les autres élèves ont disparu dans les passages d'une année à l'autre.

Une fiche de consolation est accordée aux porteurs de certificats ; ils peuvent concourir à nouveau pour le projet final durant les cinq années qui suivent leur sortie de l'École ; ils obtiennent ainsi, après coup, le diplôme d'ingénieur.

Voilà la vie d'étude de l'École ; voyons quel. en est le *régime intérieur*.

En dehors des cours, les élèves sont répartis en salles à raison de douze pour chacune ; à la tête de celles-ci est un commissaire pris parmi les vingt premiers de chaque promotion ; toutes les après-midi se passent en salle.

Dès qu'ils sont reçus à l'École, bon nombre d'élèves

des collèges libres, craignant l'isolement et heureux de continuer la vie commune à laquelle ils étaient habitués, vont se fixer au Cercle des Francs-Bourgeois, 212, rue Saint-Antoine; ils y sont en ce moment une cinquantaine, habitant le vieil hôtel qui fut autrefois la résidence des Mayenne et des d'Ormesson.

Ils habitent là un coin de Paris que beaucoup ignorent; ils sont à proximité de la place des Vosges, du musée Carnavalet et de l'Arsenal; leur église, Saint-Pierre-Saint-Paul, est l'ancienne chapelle où les contemporains du grand siècle allaient entendre Bourdaloue; au frontispice des vieux hôtels qu'ils rencontreront sur leur route, les Centraux pourront lire, sur la pierre usée par le temps, les noms illustres du passé.

Dans la société contemporaine, les ingénieurs s'apprêtent à prendre la place des vieilles classes sociales d'autrefois; coïncidence curieuse, dès le début de leur vie ils en occupent les vieilles demeures. Au Cercle des Francs-Bourgeois, les exigences sont modestes; la chambre se loue de 25 à 80 francs le mois; le prix de la pension pour un repas est de 50 francs, l'autre repas se prenant généralement à l'École Centrale. — Avec le prix de pension de cette École (1000 francs), le budget du jeune « fumiste » atteindra facilement de 2 800 à 3 200 francs.

Si l'étudiant préfère à la maison de famille son petit appartement, je ne l'en dissuaderai pas, mais à condition qu'un compagnon d'étude partage son domicile; autrement, l'isolement serait trop grand. Ce camarade, ce sera un ami de collège ou de l'école préparatoire.

L'élève de Centrale entretiendra aussi des relations

affectueuses avec ses anciens maîtres des Postes, de Lacordaire, de Stanislas ou de Passy, qui, de temps à autre, organisent des réunions pour leurs anciens.

LES CARRIÈRES. — Le temps de l'École est terminé ; d'abord le jeune ingénieur va satisfaire à la loi militaire ; en entrant à Centrale, il a contracté un engagement de quatre années ; à l'École, il est sous les drapeaux ; à certains jours, il revêt l'uniforme et fait l'exercice militaire ; trois années il a été soldat, une année il va être officier, sous-lieutenant d'artillerie.

Année de repos pour l'esprit, d'activité et de dépense physique ; année aussi d'investigation et de recherche de situation pour l'avenir ; car l'avenir, c'est demain seulement qu'on va le commencer ; jusqu'ici on n'a fait que le préparer. Huit années de collège, deux années d'école, trois années de Centrale, une année de vie militaire : tant d'efforts assurent-ils un brillant lendemain ? Pas toujours.

Aux élèves sortis avec les premiers numéros sont réservées les places que les directeurs de l'École s'efforcent de procurer à leurs anciens ; c'est sur eux que se fixera de préférence le choix de l'industriel qui cherche un ingénieur.

Pour les autres, l'avenir dépend d'une occasion, d'une relation, d'une circonstance heureuse. A vingt-quatre ans, après beaucoup de sacrifices de la part de la famille, un effort personnel longtemps soutenu, il y a quelque chose de triste dans cet aléa.

Si je fais une enquête[1] sur les anciens élèves de

[1] Statistique forcément incomplète, établie d'après l'Annuaire des anciens élèves.

l'École Centrale, je vois figurer comme industries ou administrations où ils sont en grand nombre :

Chemins de fer : environ 500, et encore on y préfère de beaucoup les élèves de l'École Polytechnique, même officiers démissionnaires.

Électricité : environ 220.

Gaz : environ 200.

Industries chimiques : brasserie, distillerie, huilerie, papeterie, raffinerie, sucrerie, teinturerie, blanchiment, apprêts, environ 500.

Industries textiles : coton, lainage, soie, tissus divers, environ 120.

Mécanique : automobiles, bicyclettes, boulonnerie, chaudronnerie, machines à vapeur agricoles, environ 350.

Métallurgie : environ 350.

Mines : environ 220.

Architectes : environ 150.

Industries céramiques : bétons, chaux, ciment, plâtre, briques, tuiles, produits réfractaires, environ 80.

Je vois aussi des *avocats-conseils* en matière de propriété industrielle, au nombre de 17 ; des *fonctionnaires :* agents-voyers en chef de département et agents-voyers d'arrondissement au nombre d'une centaine ; puis des *inspecteurs du travail* et de l'enseignement technique, de nombreux *experts près les tribunaux*, etc...

Plusieurs Centraux aussi se sont fixés à l'étranger, et ils y paraissent occuper de très belles situations.

Ce que ne doit jamais non plus oublier le débutant, c'est qu'à l'École il a reçu seulement des outils, et que dans la vie pratique il doit apprendre à s'en servir ; c'est même dans cet exercice que se révèle sa valeur personnelle et que sa capacité a chance d'être appréciée. S'il croit tout savoir et n'avoir plus rien à apprendre, il est à craindre que, dans beaucoup d'usines, on lui préfère l'élève des Écoles d'Arts et Métiers, qui, de prime abord, est meilleur praticien, et qui, par son extraction, est davantage le serviteur docile du manufacturier.

Que l'élève de Centrale ne soit donc médiocre en rien ; sans cela on lui préférera le polytechnicien comme savant, l'élève des Arts et Métiers comme instrument.

Destiné uniquement à l'industrie privée, l'ingénieur sorti de l'École Centrale doit comprendre qu'il a un rôle social à exercer ; cela le grandira singulièrement. On lui a donné le nom pittoresque de « médecin des usines et des fabriques » ; qu'il ait, dans le milieu où il vit, l'influence que gagnent bien vite dans nos campagnes les véritables médecins. S'il le veut, l'ingénieur peut être l'agent de réconciliation entre le travail et le capital ; car il est l'intermédiaire qui, à son gré, adoucira ou aigrira les rapports entre le patron et l'ouvrier.

Qu'un jeune ingénieur soit contraint d'abord à une réserve prudente, certes ; il est un novice qui s'instruit lui-même ; mais plus tard, quand il aura acquis une véritable science technique, quand il aura une situation hors de pair dans l'usine où il est entré, il devra généraliser son influence individuelle du début. Il pourra provoquer la constitution de conseils d'usine, faciliter la naissance d'associations coopératives et de secours mutuels.

Établissant une différence entre la machine et l'homme, il fera respecter le repos du dimanche, si scandaleusement violé en notre société démocratique. Sous sa direction, la dignité humaine sera sauvegardée, et l'ouvrier se sentira l'auxiliaire d'une pensée intelligente et vivante; il corrigera enfin ce que peuvent avoir de brutal ces sociétés anonymes portées à ne voir dans les hommes qu'elles emploient que des instruments de travail.

CHAPITRE II

Industrie chimique et applications de l'électricité.

L'INSTITUT DE CHIMIE APPLIQUÉE
ET L'ÉCOLE SUPÉRIEURE D'ÉLECTRICITÉ

Les incessants progrès de l'industrie peuvent être attribués aux écoles techniques qui se sont fondées nombreuses en ces dernières années, soit à l'étranger, soit en France.

Il y a quelques mois, l'empereur Guillaume II, célébrait dans un discours les « Technische Hochschüle » de son empire, et déclarait que c'étaient elles qui faisaient la grandeur de l'Allemagne.

La France, à son tour, semble entrer dans la voie des créations pratiques; les Chambres de commerce, les villes, les associations, l'État lui-même, fondent des écoles supérieures professionnelles.

I. — L'INSTITUT DE CHIMIE APPLIQUÉE[1]

Il n'y a aucune science qui offre plus que la chimie

[1] 3, rue Michelet, Paris.

des applications utiles. A l'heure actuelle, la plupart des grandes manufactures ont des laboratoires pour le contrôle journalier de leurs opérations.

Les teintureries, les fabriques d'indiennes et de porcelaines, aussi bien que les sucreries, ont leurs chimistes.

Ceux-ci sortent des grandes écoles de l'État, ou bien d'écoles spéciales créées uniquement en vue de l'industrie. Parmi ces dernières, l'*Institut de chimie appliquée*, de Paris, tient l'une des premières places.

ADMISSION. — Le nombre des élèves admis chaque année est de cinquante au plus. Aucun diplôme n'est exigé ; mais les candidats sont soumis à un examen d'entrée ayant pour but de juger si leurs connaissances générales leur permettent de suivre avec fruit l'enseignement qui doit leur être donné.

Les jeunes gens pourvus du baccalauréat secondaire classique (lettres-philosophie) sont à même de subir l'examen ; à plus forte raison ceux qui ont leur baccalauréat lettres-mathématiques. Les inscriptions pour le concours doivent être faites au secrétariat de la Faculté des sciences, à la Sorbonne, entre le 1er juillet et le 30 septembre. L'examen se passe dans la troisième semaine d'octobre ; il comprend :

1º Des *épreuves écrites*, consistant en une narration française et un problème d'arithmétique [1] ;

2º Des *épreuves orales* sur la chimie et la physique, l'algèbre élémentaire et la géométrie plane ;

3º Un *examen facultatif* sur une langue vivante : anglais, espagnol ou allemand.

---

[1] Les candidats qui sont bacheliers sont dispensés des épreuves écrites.

L'ÉCOLE. — Durant les trois années qu'il passe à l'École, l'étudiant doit acquérir des connaissances théoriques et des connaissances pratiques; il doit être à la fois homme de science et homme d'application.

C'est à la *Faculté* que le futur chimiste fera provision de *savoir théorique;* là, il devra successivement fréquenter les cours professés sur la chimie générale, la chimie organique, la chimie appliquée, les métaux, l'analyse. Souvent il cherchera à acquérir le diplôme de licencié, qui le dispensera de deux années de service militaire.

A l'*École*, l'étudiant fera des *manipulations* et assistera à des *conférences*. Celles-ci sont faites par les chefs de travaux pratiques, et elles ont pour but de donner aux élèves les explications nécessaires à leurs exercices quotidiens de préparation et d'analyse.

En dehors des heures consacrées aux cours et aux conférences, les étudiants sont soumis à trente heures par semaine de présence au laboratoire; leur assiduité est sérieusement contrôlée.

Des interrogations quotidiennes constatent le travail des futurs chimistes.

A la fin de chaque année, il est délivré à tout élève ayant fréquenté avec assiduité et profit les travaux du laboratoire un *certificat* constatant que sa compétence est suffisante dans les matières[1] qui lui ont été ensei-

---

[1] Enseignement de l'Institut chimique :

Première année. — Préparation des composés des métalloïdes et des métaux; analyse qualitative; éléments de la spectroscopie; chimie physique; travail du verre et langue anglaise.

Deuxième année. — Analyse quantitative (volumétrie et gravimétrie); préparation des composés de la chimie organique;

gnées, et à la fin de la troisième année, les meilleurs élèves, possédant les trois certificats annuels, reçoivent un *diplôme de chimiste.*

En dehors des certificats et des diplômes, certaines récompenses sont accordées, après concours, aux élèves les plus méritants : chaque année, le premier pour les préparations et le premier pour les analyses obtiennent une médaille d'argent ; une médaille de bronze est accordée aux deux élèves qui viennent après eux.

LA CARRIÈRE. — Jusqu'ici les élèves, à leur sortie de l'école, ont immédiatement trouvé place, soit dans l'industrie privée, soit dans les laboratoires spéciaux d'analyse de l'État et des grandes villes : laboratoire municipal de Paris, laboratoires des douanes, des contributions indirectes, etc...

Le traitement de début est généralement de 1 800 à 2 400 francs ; quelquefois, mais très rarement, de 3 000 francs. Beaucoup de chimistes arrivent à gagner, par la suite, 6 000, 10 000 francs, et parfois davantage.

Les débuts sont modestes ; l'avenir dépend beaucoup de l'intelligence, du sens pratique, de l'activité dont on dispose ; il importe, dès les débuts, de bien s'orienter et de faire choix d'une industrie qui semble avoir pour elle beaucoup de gages de succès.

La vie du chimiste industriel est libre, intéressante ; elle demande le sens de l'observation ; elle développe l'esprit créateur.

détermination de quelques constantes physiques ; exercices de conversation en langue anglaise.

Troisième année. — Chimie industrielle organique et minérale ; électrochimie ; étude de la langue espagnole.

Sans parler de découvertes qui font un nom et une réputation, chaque jour le chimiste a à faire preuve d'initiative; j'en trouve un exemple bien saisissant dans la *Chimie industrielle* de Girardin.

Il y a une trentaine d'années, dans une teinturerie d'Eauplet, près Rouen, où l'on teignait des calicots en noir au moyen de campêche et de sels de fer, on remplaça tout à coup les appareils ordinaires par le chauffage à la vapeur, et l'on fit dès lors les décoctions au moyen de vapeur d'eau; mais, dès ce moment, on ne put obtenir les beaux noirs qui avaient fait la réputation de la maison.

Que faire? Le chimiste remarqua que les décoctions de campêche dont on se servait avaient une couleur jaune orangée; il attribua ce fait à ce que l'eau n'était pas calcaire comme par le passé, la condensation de la vapeur introduisant dans les bains beaucoup d'eau distillée; alors il y fit mettre de la craie, et dès cet instant tous les accidents disparurent, et l'on fit d'aussi beaux noirs que par le passé.

Voilà, prises sur le vif, les préoccupations d'un chimiste. Beaucoup trop de jeunes gens font de la science pure; consacrent, par exemple, de nombreuses années aux mathématiques, pour arriver finalement à être refusés aux grandes écoles de l'État. Alors, à moitié usés par le surmenage, ils se demandent que faire, et souvent ils végètent toute leur vie. Combien il eût été préférable pour ceux-ci d'entrer, dès leur sortie du collège, dans une école technique! Cela paraissait moins brillant, mais, pour la plupart, eût été infiniment plus sûr.

II. — L'École supérieure d'électricité [1]

Comme l'Institut de chimie appliquée, l'*École supérieure d'électricité* met aux mains de ses élèves un instrument de travail.

En 1888, la *Société internationale des électriciens* fonde un laboratoire où l'on étudiera les questions expérimentales se rattachant à l'électricité ; peu à peu le laboratoire change de caractère, il se transforme ; finalement, tout en continuant de subsister, il donne naissance à l'École supérieure de la rue de Staël.

Élèves. — Le 1er décembre 1894, l'école ouvrait ses portes avec douze auditeurs ; durant la dernière année scolaire, plus de cent jeunes gens fréquentaient ses cours.

On rencontre deux catégories d'élèves à l'École supérieure d'électricité :

1° Les *élèves réguliers*, dont l'admission est prononcée à la suite d'un concours [2] d'entrée qui a lieu tous les ans dans la première quinzaine d'octobre.

2° Les *élèves diplômés des grandes écoles de l'État* (Polytechnique, Centrale, etc.) qui désirent compléter

[1] 12 et 14, rue de Staël, Paris.
[2] Matière du concours.
A) *Épreuves écrites :*
1° Problèmes sur l'électricité générale ; 2° calcul logarithmique ; 3° croquis à main levée.
B) *Épreuves orales :*
1° Interrogation sur l'électricité générale ; 2° interrogation sur les mathématiques ; 3° interrogation sur la mécanique appliquée ; 4° interrogation sur la physique générale et sur la chimie élémentaire ; 5° calcul à la règle.

leurs études en les aiguillant vers une branche de la pratique.

En 1902, quatorze polytechniciens, vingt élèves de Centrale, fréquentaient l'école; c'est dire le milieu dans lequel elle se recrute et la valeur de son enseignement.

Les élèves réguliers payent 1 000 francs pour les frais d'étude de leur année de scolarité.

ENSEIGNEMENT. — L'enseignement est à la fois oral et pratique.

L'*enseignement oral* comprend :

1° Un cours sur l'électrotechnique générale ;

2° Un cours sur les mesures électriques ;

3° Une série de conférences sur des sujets spéciaux.

L'*enseignement pratique* comporte :

1° Des exercices de laboratoire ;

2° Des exercices d'atelier ;

3° Des essais de machines ;

4° Des visites d'usines ;

5° Des stages dans les principaux secteurs de Paris.

Les élèves subissent deux examens : l'un, vers le milieu de l'année, devant le personnel de l'école; l'autre, vers la fin de juillet, devant un jury que désigne le conseil de perfectionnement. Un diplôme d'*ingénieur électricien* est la sanction des études couronnées de succès.

AVENIR. — L'électricité se prête à toutes les applications : éclairage, traction, électrochimie, distribution de force. L'ingénieur électricien aura donc des débouchés nombreux à son activité, et ces débouchés se multiplieront à mesure que dans toutes les branches de l'industrie on utilisera davantage la découverte qui apporte de si profondes modifications dans la vie contemporaine.

A l'heure actuelle, les Compagnies de chemins de fer ont encore un service électrique au personnel fort restreint ; de grandes villes demeurent éclairées au gaz ; tout cela est appelé à changer. Le temps n'est pas loin où, sur nos grandes routes nationales, de distance en distance, il y aura des stations électriques où les automobiles de l'avenir viendront faire provision de force. Chaque jour on apprend à tirer parti des chutes d'eau, et chaque jour apporte de nouveaux emplois et de nouvelles applications de l'électricité ; les hommes qui s'en rendent en quelque sorte les maîtres, les distributeurs, ont donc devant eux un bel avenir ; ils connaîtront peut-être une période d'attente ; ils sont sûrs que leur vie ne sera pas inutilisée.

Bien à tort les professions où l'on travaille le moins semblent les plus considérées ; il ne doit pas en être ainsi. Après la valeur morale, le premier facteur d'estime et de considération doit être, dans une société chrétienne, la fidélité à obéir au commandement divin : « Tu gagneras ton pain à la sueur de ton front. » On ne saurait donc dédaigner des professions capables de contribuer à la grandeur d'un pays, et les collèges libres, en dirigeant leurs élèves vers les écoles techniques qui se fondent un peu partout, feront œuvre utile et patriotique ; en même temps, ils travailleront à détruire chez nos contemporains ce mépris de la profession si répandu en notre pays, et qui faisait dire à Mme de Girardin : « Chacun en France méprise son métier ; on a toujours mieux à faire que son devoir. »

CHAPITRE III

L'industrie textile.

L'INSTITUT TECHNIQUE ROUBAISIEN [1]

« Toutes les écoles en France répondent à des conceptions plus théoriques que pratiques ; elles forment une génération de parleurs qui veulent gouverner l'industrie et réglementer le commerce, sans souci de leur compétence, et une autre génération plus nombreuse encore de fonctionnaires, qui n'ont pour idéal que de s'asseoir sur la chaise et que de dormir sur l'oreiller de l'État. »

Cette phrase est due à la plume de M. l'abbé Henri Vassart, directeur de l'*Institut technique roubaisien;* elle signale une grave lacune, que son auteur a comblée dans la région de Roubaix.

L'Institut fondé par l'abbé Vassart ne ressemble pas, en effet, à nos écoles de commerce, où l'on parle filature, tissage, teinture, apprêts, impressions, et où l'on ne fait rien de ce que l'on explique ; c'est une

---

[1] 37, rue du Collège, à Roubaix.

école vivante, où l'enseignement est donné avec exemples à l'appui.

Son but est de former pour la direction des usines, dans les différentes branches de l'industrie textile, des hommes de devoir, de justice, de travail et de progrès.

Depuis 1895, date de sa fondation, l'école est dirigée par des prêtres [1], qui se rendent très nettement compte que c'est faire œuvre éminemment sacerdotale que de former des directeurs et des patrons d'usine chrétiens.

Pour être admis comme élève à l'Institut technique [2], il faut : 1º avoir atteint l'âge de seize ans ; 2º offrir les garanties de moralité qu'une direction essentiellement catholique doit exiger ; 3º justifier que l'on possède les connaissances nécessaires pour suivre avec fruit les cours.

La durée des études est de deux années ; l'externat est le régime de l'établissement ; mais une maison de famille a été créée pour recevoir les jeunes gens étrangers à la ville de Roubaix. Le prêtre qui en a la direction se fait un devoir de veiller au bon emploi du temps, à la régularité de conduite et au choix des relations de ceux qui lui sont confiés. Le prix de pension à la maison de famille est de 1 000 francs [3] ; la rétribution scolaire, qui se paye en sus, est de 600 francs.

---

[1] Cinq prêtres et cinq laïques.

[2] Il y a actuellement, à l'Institut technique, soixante-quinze élèves, dont vingt-huit pensionnaires.

[3] Chaque élève a sa chambre éclairée à l'électricité et chauffée à la vapeur.

Pour livrer au commerce un tissu, il faut d'abord *faire le fil*, ensuite l'*entrelacer;* ceci fait, on a le tissu brut; alors il reste à lui donner *de l'œil et de la main.* Ces différentes opérations réclament des machines perfectionnées. Enfin il ne suffit pas de produire, il faut *vendre* et tirer bon parti de la fabrication.

Une école préparant à l'industrie textile, et qui voudrait être complète, devrait donc avoir un enseignement portant sur les cinq matières suivantes :

1º *Peignage et filature;*

2º *Tissage;*

3º *Teinture, impressions et apprêts;*

4º *Mécanique et électricité;*

5º *Art de la vente.*

Cet enseignement, nous le trouvons à l'Institut technique roubaisien, où il fait l'objet de cinq sections *d'enseignement spécial.* Les élèves qui fréquentent ces différents cours reçoivent tous, en outre, une formation religieuse, sociale et scientifique commune.

I. L'ENSEIGNEMENT GÉNÉRAL. — Nous sommes dans une maison religieuse, où les maîtres ne font, somme toute, de la mécanique et de l'industrie que pour façonner des chrétiens [1]. Aussi, en tête de leur programme, le premier cours indiqué est le

Cours d'apologétique. — Cet enseignement a pour but d'affermir les convictions religieuses des élèves, de leur montrer leur devoir, et de poser les principes d'après lesquels ils doivent régler leur vie. Là ils se

[1] Chaque jour le directeur préside un entretien familier, dit de bon sens, sur les questions religieuses. Cet entretien dure une dizaine de minutes.

rendent compte par eux-mêmes que la religion « n'empêche de penser que ceux qui n'étaient pas faits pour penser », et ils se préparent à défendre victorieusement leur foi dans les milieux où ils seront appelés à vivre.

Un *Cours d'économie sociale* complète l'enseignement religieux; il met le futur fabricant en présence des problèmes qui se présenteront à lui durant sa carrière industrielle : rapports, par exemple, des patrons et des ouvriers; question des syndicats professionnels; œuvres de prévoyance ouvrière.

Après avoir appris à diriger et à manier les hommes qui seront ses auxiliaires, l'industriel doit apprendre à connaître les machines dont il se servira et auxquelles il commandera : d'où la nécessité pour l'élève, quelle que soit la section à laquelle il appartienne, de suivre un *Cours de mécanique appliquée.* Là on fera comprendre à l'étudiant industriel les principes sur lesquels reposent les machines qu'il voit fonctionner dans les ateliers, et en même temps on l'initiera à les diriger. Rien ne lui sera étranger de ce qui concerne les services généraux des usines : chauffage, ventilation, générateurs, moteurs à gaz, électricité, etc... Un *Cours de comptabilité et d'opérations commerciales* complétera la somme de ses connaissances générales.

II. ENSEIGNEMENT SPÉCIAL. — Précédemment nous avons énuméré les cinq branches de l'enseignement spécial de l'école. Dès son entrée, chaque élève, selon ses aptitudes ou d'après la succession qu'il aura plus tard à recueillir, opte pour l'une ou l'autre d'entre elles. Alors il reçoit l'orientation qui lui sera la plus profitable. Nous visiterons chaque élève dans sa section; nous le verrons dans la salle de cours et à l'atelier.

1º *Section de filature.* — Cette section embrasse le peignage et la filature de la laine, la filature du coton; et elle se divise en trois parties, comprenant chacune un cours de technologie et des exercices pratiques.

La première partie est la *partie chimique;* le cours traite principalement des matières suivantes : les eaux, leur importance pour les peignages; les huiles, provenances et variétés; les potasses et les soudes, leur fabrication et leur dosage, etc...

Un laboratoire bien aménagé permet de faire tous les exercices pratiques qui constituent la partie chimique du peignage.

La seconde partie, ou *partie commerciale,* embrasse l'étude des matières textiles d'origine animale, végétale ou de fabrication artificielle, et elle comporte des expériences tendant à déterminer le degré de résistance et de torsion des fils qu'on aura à employer.

La troisième partie, ou *partie mécanique,* comprend elle-même deux branches : 1º le peignage et la filature de la laine; 2º la filature du coton. On y étudie les différentes opérations que comportent le lavage, le cardage, l'étirage, la torsion, le lissage, le peignage, le filage et le retordage des matières filées et tissées; en même temps, on étudie le matériel qui procure les transformations successives que nous venons d'énumérer.

Ce matériel est très important; il comprend, pour la filature du coton : batteur ouvreur, avec chargeur automatique; carde, étirage, bancs à broche, renvideur.

Pour la filature de la laine : peigneuse Noble, peigneur Lister, carde, gills-boxes, étirages, bobinoirs, renvideur de cent vingt broches.

Rien ne manque, on le voit, à la formation complète et raisonnée du futur filateur ; et à peine a-t-il quitté la salle de cours où on lui a enseigné sa profession future, qu'à l'atelier il commence la vie qui sera plus tard la sienne.

2º *Section de tissage.* — Cette section comporte trois grandes divisions : 1º étude des styles ; 2º tissage artistique ; 3º tissage industriel.

Au *Cours sur les styles,* le professeur traite des caractères distinctifs de l'art du mobilier, aux différentes époques de l'histoire ; il illustre son enseignement en faisant connaître à ses élèves les chefs-d'œuvre parvenus jusqu'à nous. Successivement il passe en revue l'antiquité avec ses styles : égyptien, assyrien, grec, étrusque, gréco-romain, chinois, japonais, arabe, indou, moresque, persan ; le moyen âge, avec ses périodes byzantine, romane et gothique ; la Renaissance, avec les merveilles du temps de François Ier et de Louis XIII ; les temps modernes enfin, avec les styles Louis XIV, Louis XV, Louis XVI et Empire.

Le maître développe et complète le sens esthétique chez son auditeur, en lui faisant faire des exercices de composition décorative : reproduction de modèles, ou bien exécution d'un sujet donné. Ce sujet est généralement la réalisation d'un objet qui relève du tissage artistique : étoffe d'ameublement, linge de table, tapis, moquette, tulle, broderies.

Au *Cours de tissage artistique,* on étudie la classification des étoffes et les différentes espèces de métiers à tisser; on apprend à distinguer le tissage à la marche, le tissage avec mécanique d'armure, le tissage à la mécanique Jacquard; on se rend compte de la façon dont se confectionnent, par exemple, les piqués, les reps, les épinglés, les velours, la gaze, etc...

On complète ce savoir théorique par des exercices personnels de composition de tissus.

Intéressants par eux-mêmes, les deux cours dont nous venons de parler ont encore le mérite de dispenser de deux années de service militaire les élèves qui les ont consciencieusement suivis, en les mettant à même de subir avec succès les examens d'ouvrier d'art.

Au *Cours de tissage industriel*, l'élève apprend à connaître les matières premières : laine, coton, soie, lin, chanvre, jute, ramie; puis il suit ces matières dans les différentes transformations qu'elles subissent avant de devenir tissus : retorderie, bobinage, ourdissage, encollage et parage, etc... Ces opérations, on les lui décrit; ensuite il les voit, grâce à l'outillage de l'atelier annexe, où se trouvent une cannetière, une doubleuse, un métier à retordre, un bobinoir, un ourdissoir, un piquage à plaque et un piquage accéléré, vingt métiers à la marche, à la mécanique d'armure, à la mécanique Jacquard, douze métiers mécaniques, un métier à tapis. Formation ne peut être plus complète, plus artistique et plus vraiment utile à la fois.

3º *Section de teinture, impressions et apprêts.* — Cette section comporte quatre cours, complétés par des essais pratiques. Ces cours sont les suivants : 1º cours de teinture; 2º cours d'apprêts; 3º cours d'impression; 4º cours de fabrication de matières colorantes.

Le *Cours de teinture* peut lui-même se subdiviser en plusieurs parties; nous les passerons rapidement en revue : — 1° le blanchiment : blanchiments classiques par exposition sur le pré, par le chlore, par l'acide sulfureux; blanchiments spéciaux au permanganate, à l'ozone, au chlorozone, à l'eau oxygénée, au bioxyde de baryum et au peroxyde de sodium, à l'électricité; — 2° le mordançage : les différents mordants, leur action sur les corps; — 3° la teinture proprement dite : étude des matières colorantes minérales, organiques et artificielles; l'application de ces matières aux différents tissus.

Le *Cours d'apprêts* initie les élèves aux procédés employés pour apprêter les étoffes; il prépare à comprendre les manutentions qu'exige cette opération industrielle.

Le *Cours d'impression* traite notamment des genres spéciaux d'impression : impression sur filés soie, laine et coton; impression des tricots, des plumes, des cuirs; on y étudie également l'harmonie du coloris et l'esthétique dans la composition décorative du tissu, et on ne laisse pas de côté l'hygiène des ateliers.

Le *Cours de fabrication des matières colorantes* constitue enfin l'enseignement capital de cette section. On y classifie d'abord les différentes natures colorantes; puis on étudie les secrets de leur fabrication.

Les travaux pratiques correspondant aux divers cours de la section de teinture sont nombreux, et le matériel mis à la disposition des élèves est on ne peut plus complet. Pour les apprêts : fouleuse, grilleuse, brosseuse, tondeuse, élargisseuse, humecteuse, sécheuse, table à décatir, presse hydraulique, etc... Pour la teinture : outillage complet pour teinture des matières brutes, des peignés et des filés, dégorgeoir, fixeuse, machine à laver, bacs à teindre; appareil de vaporisage; outillage pour le chinage, l'empreinte des tissus. C'est, on le voit, un matériel complet d'usine; la science acquise ne demeure pas livresque.

4° *Section de mécanique et d'électricité.* — Cette section, fondée postérieurement à celles que nous venons d'étudier, donne à ses élèves la formation théorique et pratique de l'ingénieur.

Au *Cours de mécanique,* on étudie les pièces et les organes des machines; on se rend compte des matières qui ont servi à leur construction; on saisit leur agencement; puis, dans des travaux d'atelier, on fait des exercices de modelage, forge, ajustage, montage et réparations de machines.

Au *Cours d'électricité,* les leçons portent notamment sur les sources diverses d'énergie électrique : piles, dynamos, accumulateurs, et sur les différentes applications de l'électricité à l'industrie : éclairage, transport de force.

5° *Section commerciale.* — Il importe que celui qui vend le tissu connaisse ce qu'il vend; c'est cette pensée qui a donné naissance à la cinquième section de l'école.

Cette section comprend des *Cours de comptabilité, de droit commercial, de géographie industrielle, de langues vivantes* et *d'opérations de commerce.* Les élèves voient enfin et surtout fabriquer les étoffes dont plus tard ils auront à détailler les qualités.

C'est bien, ainsi que nous espérons l'avoir fait constater, la vie industrielle tout entière qu'on trouve à l'Institut technique de Roubaix; les étudiants reçoivent en cette maison une formation que nulle part ailleurs il ne leur est donné de rencontrer.

L'élève d'une section, en fréquentant les sections voisines, complète ses connaissances, et il arrive ainsi, non seulement à être maître dans la branche de l'industrie à laquelle il se destine, mais encore à avoir des connaissances et des données sur toutes les autres parties de l'industrie textile.

L'école de Roubaix forme des industriels; elle ne se désintéresse pas non plus de la formation de l'ouvrier; là encore elle donne un enseignement aux jeunes gens qui lui sont confiés. Dans les cours du soir elle réunit des contremaîtres [1], des ouvriers de la région roubaisienne, et elle complète leur instruction professionnelle; elle leur dit le pourquoi des choses qui leur sont familières.

L'Institut technique est un produit de l'initiative privée, de l'initiative catholique; nous avons le droit d'en être fiers. Puisse l'abbé Vassart avoir des imitateurs! Des institutions semblables à la sienne, nous le redirons ailleurs, sont l'une des principales formes que devra prendre l'enseignement de l'avenir.

Que les élèves affluent donc à Roubaix; ils y trouveront un directeur leur tenant ce fier langage : « Est-il plus beau rôle que celui du *patron chrétien?* Il dit au savant : Je vais exploiter votre découverte, comptez sur moi; au capitaliste : Je vais faire rouler vos capitaux avec les miens et, ils fructifieront; à l'ouvrier :

---

[1] Environ deux cents ouvriers fréquentent ces cours; plusieurs y acquièrent le savoir suffisant pour affronter l'examen *d'ouvrier d'art.*

Venez travailler dans mon usine, et vous pourrez nourrir et élever votre famille. Il est fidèle à tous ses engagements ; il est dans ses ateliers, comme dans le bureau, la tête qui pense, qui travaille et qui dirige ; il est heureux de donner, et ce qu'il distribue d'une main, Dieu le lui rend de l'autre ; il n'est pas esclave de cet argent qu'il a gagné, mais il se fait de ce vil métal un esclave, le seul qu'il connaisse ; il s'en fait un auxiliaire aussi au service du bien, de la charité et de la justice. Voilà le grand industriel, le vrai patron ; un souverain, un roi, une providence visible. Voilà le type qu'il faut sinon former, du moins multiplier en France ; voilà un idéal pour la jeunesse ; voilà la noble indépendance. Les patrons chrétiens, ce sont les hommes qui sauveront le monde [1]. »

[1] Abbé Vassart. Extrait du journal *l'Industrie textile.*

CHAPITRE IV

L'industrie métallurgique.

L'INSTITUT CATHOLIQUE DES ARTS ET MÉTIERS DE LILLE [1]

Si grande que soit la bonne volonté d'un industriel, il lui est difficile d'être en contact avec chacun de ses ouvriers. Entre eux et lui, il faut forcément des intermédiaires ; ces intermédiaires ce sont les directeurs d'usine, les chefs d'atelier.

Que ceux-ci soient dépourvus des qualités de justice, d'affabilité et de bienveillance nécessaires pour se concilier les esprits, et c'est la guerre à l'usine.

Qu'au contraire, ces représentants de l'autorité patronale soient fermes, mais conciliants ; qu'ils sachent éviter les difficultés, prévoir les mécontentements, gagner la confiance du personnel, et alors la paix règne à l'atelier.

Ces directeurs d'usine, les Écoles d'Arts et Métiers

[1] 6, rue Auber, Lille. — Depuis la fondation de l'Institut de Lille, une école similaire a été fondée à *Reims* par les *Frères des Écoles chrétiennes*. Cette école mérite les mêmes éloges et la même confiance que son aînée.

de l'État ne les formaient pas; j'en trouve l'aveu sur les lèvres de l'un de leurs anciens. « Bien loin de façonner les ouvriers, écrit M. Delphieu, les élèves de Châlons, d'Angers, d'Aix, en adoptent ce qu'ils ont de moins recommandable dans la tenue, le langage et les manières. »

Aux manufactures il fallait d'autres chefs que ceux-là; aux industriels chrétiens, d'autres collaborateurs.

Le 1ᵉʳ octobre 1898 s'ouvrait l'école de Lille.

A sa tête était un homme de haute valeur et d'inlassable dévouement; depuis, la persécution en a fait une victime; c'était le Père Henri Lacouture.

Des religieux ses frères, des ingénieurs, des praticiens étaient ses auxiliaires dans l'œuvre de formation morale et scientifique qu'il entreprenait.

L'Institut de Lille devait avoir deux caractères bien nettement marqués : ce serait une école d'Arts et Métiers identique à celles de l'État par les connaissances techniques enseignées aux élèves; mais en même temps, et de plus, ce serait un collège catholique en tout semblable aux autres établissements de la Compagnie de Jésus par les méthodes d'enseignement et par la formation donnée.

Le projet est devenu réalité, et nous présenterons ici sous ses deux aspects l'intéressante fondation des industriels du Nord.

I

Qu'est-ce d'abord qu'une école d'Arts et Métiers?

C'est une institution qui a pour objet de former les jeunes gens dans la pratique des arts mécaniques et de l'électricité, et de les mettre à même de diriger un atelier ou une usine.

Ces écoles se recrutent par la voie du concours; ainsi en est-il pour l'Institut de Lille, dont le programme, avec de nombreuses améliorations, est calqué sur celui des établissements similaires de l'État.

PRÉPARATION ET CONCOURS. — Des collèges ecclésiastiques et des pensionnats de Frères ont des cours préparatoires à l'école de Lille. L'adjonction d'un de ces cours à une maison qui possède des classes de français n'est ni compliquée, ni dispendieuse. La série des compositions proposées aux candidats des écoles de l'État a été éditée. Ce recueil peut servir à orienter les études en vue de l'examen [1]. Le concours se passe aux mêmes jours et heures que dans les écoles du Gouvernement. Ainsi le jeune homme et sa famille sont obligés d'opter entre l'école sans Dieu et l'école catholique; c'est une garantie de bon recrutement.

---

[1] Les épreuves pour les élèves qui entrent en première année d'école sont les suivantes :

A) *Épreuves écrites.* — Écritures cursive et en ronde, dictée, composition française, problèmes d'arithmétique, géométrie plane, calcul algébrique.

B) *Épreuves orales.* — Langue française, arithmétique théorique et pratique, algèbre (jusqu'au premier degré inclusivement), géométrie plane, histoire et géographie.

On peut entrer directement en seconde année; alors le concours est plus difficile, et il comporte un *travail manuel* consistant dans l'exécution d'une pièce de fer ou de bois, au gré du candidat.

L'Institut envoie, aux institutions qui lui en font la demande, le plan d'un atelier pour douze élèves. L'installation de cet atelier, dans une salle déjà construite, ne coûte pas plus de quinze cents francs. Ainsi est possible la préparation de l'épreuve manuelle.

A la suite du concours, quatorze élèves ont été reçus en 1898, vingt-cinq en 1899, vingt-huit en 1900 et en 1901, cinquante-six en 1902.

Les candidats devenant chaque année plus nombreux, le nombre des admissibles suit une progression ascendante; il ne devra pas toutefois dépasser la centaine.

LE PLAN D'ÉTUDES ET L'EMPLOI DU TEMPS. — Tous les élèves sont pensionnaires; ils payent une rétribution de 900 francs par an. C'est au début d'octobre qu'a lieu la rentrée. Le séjour normal à l'Institut est de quatre années [1]. La vie qu'on y mène est fort remplie. De cinq heures trois quarts à sept heures et demie du matin, étude; de huit heures à neuf heures et demie, classe; de neuf heures et demie à midi, atelier. La soirée n'est pas moins occupée : elle commence par une étude, de une heure à une heure et demie; elle continue par une leçon de dessin, de une heure et demie à trois heures. A trois heures, on retourne à l'atelier pour y demeurer jusqu'à six. L'heure qui précède le dîner et l'heure qui le suit sont données à l'étude personnelle.

Au *point de vue théorique*, les élèves suivent, durant les deux premières années, des cours généraux de mathématiques, de mécanique, de physique, de chimie, d'électricité, de dessin. Cet enseignement les met à même de fréquenter avec profit les cours d'application

---

[1] L'extension donnée aux travaux d'électricité et le besoin d'avoir des élèves plus complètement initiés aux travaux de l'atelier et du dessin, ont fait porter, en 1903, la durée des études à quatre années, de trois qu'elles étaient par le passé.

qui sont professés en troisième et quatrième année : résistance des métaux, hydraulique, machines thermiques, électricité industrielle, chimie industrielle.

Au *point de vue pratique*, durant la première année, les élèves passent dans chacun des quatre ateliers : ajustage, forge, modelage, fonderie ; ils étudient ainsi leurs aptitudes, et choisissent en connaissance de cause, au début de la seconde année, la spécialité qui leur convient le mieux.

Des cours de littérature, d'histoire et de géographie, de philosophie morale, complètent l'enseignement ; ils élargissent l'horizon des élèves, et leur donnent une formation générale qui leur sera d'une grande utilité et d'un grand secours dans leur vie professionnelle.

Visite aux ateliers ; le personnel technique. — Pour se faire une juste idée des ateliers de l'école de Lille, il faut avoir présents à l'esprit les différents travaux que nécessite la fabrication d'une machine, ou même simplement de l'une des pièces dont elle est composée.

Il faut d'abord en faire le dessin ; de là la nécessité du *bureau d'études*, où les élèves tracent le croquis des pièces qui doivent être exécutées.

Ceci fait, le dessin est porté à l'*atelier de modelage ;* là on fait un modèle en bois reproduisant le projet qui a été envoyé.

Ce modèle est porté à son tour à l'*atelier de fonderie ;* placé dans du sable légèrement humide, il y laisse son empreinte. Dans cette empreinte on fait couler le métal en fusion, et l'on obtient ainsi à l'état brut l'objet que l'on voulait produire.

C'est ainsi qu'on procède si la pièce fabriquée doit

être en fonte ou bien en cuivre. Si la pièce, à cause du degré de résistance qu'on exige d'elle, doit être en fer, dans ce cas on porte directement le dessin à la *forge,* et là le fer, chauffé au rouge et ainsi rendu malléable, est travaillé à l'aide du marteau-pilon.

Les diverses pièces d'une machine une fois fabriquées, il faut les adapter les unes aux autres, c'est le travail de l'*atelier d'ajustage;* là les limes marchent, et font disparaître les rugosités qui s'opposaient à l'assemblage.

La salle de modelage a cinq cents mètres et contient soixante établis. Le hall de fonderie, plus vaste encore, est divisé en trois travées de dix mètres de largeur ; là est le cubilot, qui produit deux mille kilos à l'heure ; un four à bronze, une étuve, un atelier de préparation de sable. La forge a douze foyers. Enfin la salle d'ajustage, qui a quatorze cents mètres de surface, contient cent étaux, répartis dans trois travées qui ont chacune soixante-dix mètres de longueur.

Un *atelier d'électricité* complète l'installation que nous venons de décrire.

A la tête de ces différents services est l'ingénieur de l'École. Ancien élève de Centrale et de Châlons, il fut classé premier, il y a quelques années, dans le concours ouvert par la ville de Paris, pour la place de directeur de l'École professionnelle Diderot ; c'est dire sa haute compétence.

Il a comme auxiliaires techniques cinq chefs d'atelier, aidés eux-mêmes de sous-chefs choisis parmi les meilleurs ouvriers des maisons de construction.

Les Diplômes, la Carrière. — L'élève a achevé ses

études. En sortant de l'École il emporte avec lui soit le *diplôme d'élève breveté*, soit le *certificat d'études* de l'Institut catholique des Arts et Métiers de Lille. Il n'y a pas une seule des notes de devoir, d'interrogation, de dessin ou d'atelier, méritées pendant les quatre années, qui n'ait son influence sur le rang de sortie. L'élève doit toujours se souvenir de cette règle, afin de ne négliger aucune partie, à un moment quelconque de son séjour à l'Institut. Tel élève, qui semblait devoir occuper le premier rang à la sortie, s'en est vu privé à cause de ses notes de première année. Il faut donc donner un travail soutenu et constant, cela pouvant avoir une influence sur le classement, et par là même sur la carrière.

Les chefs d'industrie, en effet, se renseignent avec précision sur le jeune homme qui se présente à eux, réclamant jusqu'au détail de ses notes de classement annuel.

Jusqu'ici le placement des élèves sortants a été très aisé, grâce au concours du Comité de patronage de l'École, Comité qui comprend les principales sommités industrielles de France.

Veut-on se faire une idée des carrières ouvertes aux anciens élèves d'écoles d'Arts et Métiers? qu'on jette avec nous un coup d'œil sur l'Annuaire des Écoles de l'État :

Métallurgie et constructions métalliques	2 000	anciens élèves.
Chemins de fer	850	»
Ingénieurs	350	»
Industries textiles et agricoles.	250	»
Travaux publics	250	»
Électricité	150	»

A vingt ans, à sa sortie de l'Institut et en attendant le service militaire, l'ancien élève de Lille continuera son apprentissage, en se spécialisant dans une industrie.

Immédiatement il aura de petits appointements, variant entre cent et cent cinquante francs par mois; par la suite il pourra se créer une très belle situation; celle-ci dépendra à la fois de son savoir technique et de sa valeur morale.

II

L'esprit de l'École. — Des Jésuites, ses maîtres au collège de Belley, Lamartine a écrit : « Tout leur art consiste à nous intéresser au succès de la maison, et à nous conduire par notre propre volonté et par notre propre enthousiasme. Le sentiment religieux qui anime nos professeurs nous anime tous. Ils ont l'art de rendre ce sentiment aimable et sensible et de créer en nous la passion de Dieu. Ils ne font pas semblant de nous aimer; ils nous aiment véritablement, comme les saints aiment leur devoir, comme les ouvriers aiment leur œuvre, comme les superbes aiment leur orgueil. »

Volontiers, les élèves de Lille eussent emprunté ces termes pour faire l'éloge de leurs maîtres et de l'éducation qui leur était donnée.

Aussi grande fut la tristesse, lorsque la loi de 1901 vint contraindre les sept Pères Jésuites, qui assuraient la direction de l'École et l'enseignement des cours théoriques, à prendre le chemin de l'exil.

Partout alors la jeunesse studieuse s'ingénia pour rendre moins dure la séparation aux chers proscrits. Lille surpassa tous les autres collèges.

Chaque élève remit, écrit et signé de son nom, au Directeur qui allait bientôt partir, l'engagement de rester fidèle à l'esprit de la maison. Voulait-on juger s'ils seraient capables de tenir leur promesse? Qu'à titre d'épreuve, on les laissât une semaine sans surveillants, on verrait ce dont ils étaient capables.

La demande fut agréée, les surveillants furent déclarés en vacance. Les élèves, laissés à eux-mêmes, dévolurent l'autorité à leurs majors. Tout alla à la perfection, à l'étude comme à la chapelle, en récréation comme dans les rangs.

Un seul élève n'avait pas signé d'engagement. La semaine terminée, il fut pris à part et félicité par le Directeur, parce que son abstention avait prouvé combien était libre la résolution prise; l'explication qu'il en donna ajouta un charme nouveau à l'attitude qu'il avait gardée :

« J'avais grand besoin, dit-il, de travailler mes examens généraux, et je craignais de ne pouvoir le faire si l'on n'avait pas de surveillants et qu'on s'amusât à l'étude; c'est pourquoi je ne voulais pas d'engagement. Quand j'ai vu la manière dont on était fidèle à la parole donnée, j'ai bien regretté de ne m'être pas engagé, et j'ai été aussi fidèle que les autres. »

Ces faits disent la délicatesse et la vaillance des élèves de l'Institut.

Les nouvelles générations suivent l'exemple de celles qui les ont précédées, et les nouveaux maîtres veulent s'inspirer des traditions de leurs prédécesseurs.

Dans les collèges, deux institutions contribuent au développement de la personnalité morale et intellec-

tuelle des élèves; j'ai nommé l'Académie et la Congrégation. Ces deux institutions, nous les retrouvons
à l'Institut de Lille.

L'ACADÉMIE. — A notre époque, tout homme qui est
en rapport avec d'autres hommes a besoin de se faire
facilement comprendre; ne serait-ce, s'il est ingénieur, que pour donner des ordres ou des explications aux ouvriers qu'il commande. A l'Académie, on
s'habitue à présider, à parler : toutes choses utiles.

Chaque dimanche [1], de cinq à six heures du soir, les
élèves se réunissent dans le grand amphithéâtre.

Un élève, désigné depuis plusieurs semaines, va
prendre la parole; on lui a fixé son sujet et fourni les
documents; il l'a étudié dans ses moments libres. Le
voici présentement en grande tenue à l'estrade du professeur, avec ses notes sur la table, et devant lui le
rafraîchissement obligé.

Il expose son sujet aussi clairement qu'il peut; il
s'évertue à mettre en saillie les points essentiels. S'il
n'est pas trop novice, il a eu son petit exorde et il
aura sa péroraison. Il introduit en bon lieu une donnée
biographique, une anecdote, une citation.

Les auditeurs sont attentifs; ils applaudissent aux
passages saillants. Quand la conférence est finie, quelqu'un d'entre eux se lève pour demander une explication, présenter une difficulté.

Le directeur enfin, si besoin est, rectifie une assertion hasardée, éclaire une particularité restée obscure,
propose quelque conclusion.

[1] Extrait du *Bulletin* de l'Institut.

La Congrégation. — Mettre les jeunes gens à même d'exercer une influence, d'extérioriser facilement leur pensée, c'est chose utile ; en faire des hommes de conscience et de devoir, c'est plus important encore. L'Académie prépare l'orateur ; la Congrégation façonne le chrétien.

C'est un groupement qui se constitue librement entre les élèves, et qui a pour but de les encourager à la pratique généreuse de tous les devoirs. Là les bons s'excitent à devenir meilleurs, et, non contents de l'être pour eux-mêmes, ils veulent faire œuvre d'apostolat autour d'eux. Ils mettent en commun leurs bonnes volontés, et cela leur donne courage.

Pour faire partie de la congrégation, il faut donner des preuves de travail, de caractère, de piété ; les membres du Conseil, les dignitaires de la Congrégation prononcent sur les admissions, et ainsi ils s'exercent déjà à discerner les hommes.

Honneur oblige, le chevalier de la sainte Vierge doit payer d'exemple.

A leur arrivée, il accueillera les nouveaux et leur fera aimer la maison ; au camarade mécontent ou affligé, il devra dire le mot qui console ; boute-en-train dans les jeux, il sera le plus sérieux quand l'heure sera aux choses sérieuses.

Par la fermeté de son caractère, par sa prévenance toujours constante et son humeur sans cesse semblable, il gagnera les sympathies. Sympathique, il se servira de son influence pour orienter ses camarades vers le bien.

La Congrégation développe l'esprit d'apostolat, et avec lui l'esprit d'association, ce grand facteur de toute puissance à l'époque contemporaine.

Trop souvent, dans les écoles d'Arts et Métiers de l'État il y a des séditions, des révoltes, et les journaux nous en apportent les affligeants récits; c'est que là Dieu n'est pas le premier éducateur, celui que tous reconnaissent et à qui tous obéissent.

Trouver dans ses élèves des collaborateurs de sa charge éducatrice, c'est là chose que ne connaît pas le professeur des lycées de l'État; c'est, au contraire, ce qui se rencontre tous les jours dans nos collèges libres.

Discrètement, et sans qu'il s'en aperçoive, un congréganiste est souvent le bon génie d'un camarade qui, sans lui, aurait été quelconque; et c'est là la raison d'être de plus d'une amitié où il ne semble pas qu'il y ait parité entre les amis.

L'Association des anciens. — Après une vie si remplie et si intime, quitter l'école sans esprit de retour; au soir de la retraite de fin d'études, lui dire un éternel adieu, cela ne saurait être. La première promotion sortante a créé une Association d'anciens.

Par l'aide mutuelle s'aider à percer dans la vie, et, lorsqu'une fois on aura acquis de l'influence, s'en servir pour le bien: tel est l'esprit de l'Association.

Soldats d'avant-garde, les élèves des premières promotions demeurent fidèles à leur école et se sont promis de lui faire honneur; ainsi ils faciliteront la voie aux plus jeunes. Devenus directeurs d'usine, c'est à l'Institut qu'ils viendront chercher leurs collaborateurs.

Au frontispice de la porte d'entrée de l'École, un mot, gravé en lettres d'or, attire l'attention du visiteur: « Finir. »

Ce mot fait penser. Les réflexions qu'il suggère, nous les trouvons délicatement exprimées dans une poésie, due à la plume de M. Joseph Boubée :

Finir! On ne sait plus ce que ce mot renferme.
Nous bâclons un ouvrage, et nous disons : « C'est bien! »
Nous négligeons le but, et nous visons au terme,
Et, pressé d'en finir, on ne finit plus rien.

Tel n'est pas l'élève des Arts et Métiers de Lille.

Les plus légers détails ont pour lui leur mérite ;
Les soins les plus exquis sont ceux qu'il a pour eux.
Devant son œuvre, il est comme le sybarite
Que le pli d'une rose empêchait d'être heureux.

Car il a bien compris la divine harmonie
D'une œuvre où rien ne choque, où tout est accompli.
Et son œuvre non plus ne sera pas finie,
Tant qu'au cœur de sa rose il reste quelque pli !

Aussi, avec le poète, dirons-nous aux fondateurs de l'Institut :

Voilà pourquoi votre œuvre est grande, et pourquoi j'aime
Sa devise, facile et bonne à retenir.

CHAPITRE V

A propos des écoles dont nous venons d'entretenir nos lecteurs, nous avons parlé des principales branches de l'industrie française : industrie métallurgique, industrie textile, industrie chimique ; nous avons vu quel devait être le savoir d'un constructeur, d'un filateur, d'un tisseur, d'un chimiste. Il nous reste à suivre les patrons et directeurs d'usine dans leur vie quotidienne ; à les voir au milieu de leurs ouvriers.

Là, ces hommes doivent être :

1º Des chefs qui s'imposent par leur compétence professionnelle, et qui par là même ne craignent pas, — et même recherchent, — le contact journalier avec leur personnel ;

2º Des initiateurs, des éducateurs qui, par esprit d'équité, inspirent et facilitent les investigations du monde ouvrier, dans la voie du progrès matériel et moral.

I

Sans discuter sur la nature du contrat de travail,

nous savons qu'il met en présence des ouvriers, qui apportent leurs bras pour une besogne fixée à l'avance, et un chef d'industrie qui, non content de fournir le capital, doit être l'intelligence qui dirige l'entreprise.

Entre les deux contractants, des rapports continuels s'établissent ; pour que ces rapports soient ce qu'ils doivent être, il faut que de part et d'autre on constate qu'on a été fidèle au pacte conclu.

L'intérêt du patron comme de l'ouvrier, c'est que cette constatation soit facile, que la loyauté des uns et des autres apparaisse même aux yeux les plus prévenus ; ainsi le patron évitera plus facilement les grèves, et l'ouvrier ne se contraindra pas au chômage.

Le *règlement d'atelier* doit faire connaître au travailleur ce que l'industriel réclame de lui.

Le *conseil d'usine*, ou bien le *syndicat*, doit être près du patron l'interprète des légitimes désirs ou bien des justes revendications des hommes qu'il emploie.

Le Règlement d'atelier. — En franchissant le seuil de l'atelier, l'ouvrier sait généralement deux choses : la nature du travail auquel il va se livrer, et le taux des salaires.

Les modalités accessoires résultant du contrat qu'il vient de conclure, il ne les apprendra souvent qu'à l'usine même, dans la salle où il travaille, par une affiche collée au mur, ou bien plus souvent encore à ses propres dépens. C'est un peu tard ! Le patron chrétien agira autrement, et avec tout ouvrier sollicitant son admission chez lui, il aura un colloque, au courant duquel il lui fera connaître le genre d'existence qu'il va embrasser. Pour chacun de ses collaborateurs, l'industriel fera le commentaire de son règlement d'atelier ; ainsi, il n'y aura pas place à des surprises désagréables, et bien des conflits irritants seront évités.

Que doit comporter un règlement d'atelier bien fait ? Tout ce qui a trait à la vie de l'ouvrier à l'usine, ses obligations envers ses camarades et ses supérieurs, et d'autre part ses droits. J'énumère : heures des entrées et des sorties ; heures et durée des repos ; jours de chômage ; comment se calcule le salaire, et comment se mesure et se contrôle le travail aux pièces ; les dispositions répressives, leur justification ; les modes de surveillance et de recours au patron ; les époques et le lieu de la paye, etc...

Plus le règlement sera clair et complet, moins nombreuses seront les difficultés, et plus facilement la paix régnera à l'usine. Encore pour cela faut-il que le règlement ne soit pas une charte octroyée, mais un pacte consenti et à chaque instant confirmé par la bonne entente des contractants.

Pour qu'il en soit ainsi, il faut que patron et ouvriers se rencontrent, qu'ensemble ils traitent de leurs intérêts. Dans certains établissements, cette nécessité a donné naissance aux Conseils d'usine.

Le Conseil d'usine. — « C'est une institution qui a pour but d'établir et de maintenir, entre patrons et ouvriers, une entente affectueuse ; les ouvriers, — sur la demande du patron, — élisent des représentants, et ceux-ci, réunis avec les directeurs, étudient, dans des causeries périodiques, tout ce qui a trait à la bonne marche de l'usine : précautions à prendre pour empêcher les accidents, formation des apprentis, salaires et primes, plaintes du personnel[1]. »

Au Val-des-Bois, où ce système est pratiqué, il règne une entente parfaite ; et là, la méthode familiale apparaît une bonne méthode.

Lorsqu'on étudie les *Chambres d'explication* créées à Mariemont et Bascoup, en Belgique, par M. Julien Weiler, on se sent confirmé dans cette opinion. Là encore se rencontrent des ouvriers élus par leurs camarades et des patrons. Trimestriellement, on passe en revue la marche du travail ; chaque assistant reçoit à son tour la parole, et présente les observations qui lui semblent utiles. La Chambre d'explication n'est pas revêtue du droit de décision ; le patron décide après l'avoir entendue, mais en quelque sorte elle lui indique la sentence désirée.

Les institutions que nous venons de décrire ont l'avantage de faire connaître aux ouvriers la pensée patronale, souvent dénaturée ailleurs par les intermédiaires ; elles initient aussi, en partie du moins, le chef d'industrie aux réclamations de ses ouvriers.

Bon nombre de sociologues cependant apprécient peu ces institutions ; elles ne leur inspirent pas confiance, ils attaquent le « paternalisme », et veulent l'ouvrier traitant d'égal à égal avec celui auquel ils louent leurs services. Pour eux, la seule institution ouvrière qu'il faille prôner, c'est le syndicat.

LE SYNDICAT. — En face du patron, le syndicat, c'est chose excellente ; ce qu'il ne faut pas, c'est le

---

[1] L. HARMEL, *Manuel d'une corporation chrétienne.*

syndicat *opposé* au patron, « car ce qui est le grand besoin, la grande nécessité sociale de notre temps, c'est le rapprochement des personnes, la conciliation des intérêts, l'apaisement, qui ne peuvent se rencontrer que dans la reconstruction de la famille professionnelle [1]. »

Que les ouvriers se constituent en corps autonome ; qu'ils forment un syndicat indépendant ; les patrons eux-mêmes doivent les y exciter ; mais, ceci fait, il ne faut pas que syndicat et patrons vivent sur le pied de guerre.

L'idéal serait que la chambre syndicale, émanation du libre suffrage, soit en rapports constants avec le chef d'entreprise, et qu'entre celui-ci et les délégués ouvriers s'établissent les rapports confiants qui existent entre membres de conseil d'usine.

Pour traiter avec le patron, la chambre syndicale, à cause de son mode d'élection, de l'élément exclusivement ouvrier qui figure dans ses réunions ordinaires, aura sur le conseil d'usine la supériorité d'un langage plus indépendant et plus vraiment autorisé ; et, vis-à-vis des camarades ouvriers, les membres de la chambre syndicale se sentiront l'empire et l'autorité que confère un mandat vraiment délégué.

La loi du 21 mars 1884 permet aux travailleurs de s'associer librement pour l'étude et la défense de leurs intérêts ; qu'ils profitent de cette disposition législative, *encouragés par l'autorité patronale,* et l'esprit des syndicats sera tout différent de ce que trop souvent il est à l'heure présente.

---

[1] Comte ALBERT DE MUN.

Parlant des syndicats professionnels, un prince économiste écrivait en 1881 : « On ne se demande pas assez si ce cheval de bataille ne pourrait pas un jour s'atteler à la charrue et rendre ainsi à la société de précieux services. »

Il en sera ainsi en grande partie si les patrons le veulent, et s'ils savent comprendre que « la question ouvrière est pour beaucoup une question d'égards [1] ».

II

Par les institutions que nous venons d'étudier, le patron est en contact avec son personnel, et celui-ci, le voyant à l'œuvre, s'est rendu compte qu'il était vraiment la tête dont on ne pouvait se passer.

Il faut maintenant que l'ouvrier constate que, par ses qualités de cœur et de caractère, le chef qu'il s'est choisi lui est en tout supérieur.

BIEN-ÊTRE MATÉRIEL. — Le pauvre est facilement jaloux du riche; c'est humain et bien naturel. Le riche, d'ailleurs, il ne nous coûte pas de l'avouer, est lui-même bien souvent au-dessous de sa tâche.

Que la fortune ne soit qu'un instrument de jouissances, et celui qui en est le dépositaire mérite le mépris; qu'au contraire, elle soit au service du bien un facteur et un levier, et alors elle s'acquerra le respect.

De ses propres yeux, il faut que l'ouvrier d'usine voie en son chef, en même temps qu'un homme de

____
[1] L. HARMEL.

labeur, un homme de sacrifice. Si l'industriel chrétien ne comprend pas cela, il pèche contre sa foi religieuse qui le condamne, trahit son devoir et se prépare de rudes mécomptes.

A l'usine d'abord apparaîtra la sollicitude du patron chrétien : mesures préventives contre les accidents ; diminution du temps de travail, autant que le comportent les lois de la concurrence, et en même temps augmentation des salaires ; chômage du dimanche et des fêtes : il ne négligera rien pour assurer à ses collaborateurs le bien-être le plus complet.

Dans cet ordre d'idées, il aura deux grosses préoccupations : rendre plus facile à l'ouvrier la constitution d'un pécule et, par là même, lui faciliter l'acquisition d'un *home*, d'un « chez lui ».

On parle de participation aux bénéfices, la chose serait difficile à établir, et de plus aléatoire ; le système des *primes* apparaît plus réalisable. On les accordera à ceux qui auront fait le plus d'ouvrage en moins de temps, qui auront fait le moins de déchet. Les économies faites par l'ouvrier, lui revenant à lui-même, lui seront un stimulant ; puis ce salaire, qui n'est pas le salaire, qui vient en dehors et en sus de lui, on apprendra le travailleur à l'économiser, à le placer ; on lui dira les vertus de l'épargne.

En économisant deux cents francs par an, — et chaque année les intérêts venant grossir le capital, — au bout de quinze ans un ouvrier possédera quatre mille francs ; en continuant ce placement annuel, il aura douze mille francs après trente années de labeur.

Il faut aussi qu'il arrive à avoir sa petite maison et, là où cela se peut, son modeste jardin ; car si la vie de famille n'est pas suffisamment développée dans les classes laborieuses, si le chef y fréquente trop souvent le cabaret, la faute n'en est-elle pas à l'exiguïté du logement ?

Dans son cabinet de travail, le patron aura un modèle de maison ouvrière. « Un petit château de ce genre, dira-t-il à ceux qui viendront le visiter, vous pourrez, avec deux ou trois mille francs, vous payer la fantaisie de le faire construire. »

L'idée germera, et dès lors le travailleur économisera pour réaliser le rêve entrevu ; le patron l'aidera aussi en favorisant les sociétés philanthropiques dites des Maisons et des Jardins ouvriers.

On se plaint de l'avilissement de notre monde ouvrier ; que l'État et les villes commencent d'abord à ne plus nous donner ce honteux spectacle du travail du dimanche !

Par haine anticléricale, faire de ses employés des esclaves, est-ce bien démocratique !

On vante la supériorité de l'ouvrier anglais ; on parle de son initiative, des puissantes associations qu'il sait former ; nos ouvriers en feraient bien autant, qu'on leur laisse le temps de l'initiative !

En Angleterre, l'usine chôme à partir du samedi à midi, et le dimanche, du matin au soir, tout le monde est libre.

Avancement moral. — Discrètement, sans s'imposer, mais en se donnant lui-même, le patron chrétien a travaillé au bien-être matériel de ceux qu'il emploie ; il ne saurait se désintéresser de leur développement intellectuel, de leur avancement moral.

Les ouvriers ont maintenant le temps de réfléchir : le patron facilitera les réunions, les conférences, où ils entendront des hommes probes et consciencieux ; il subventionnera les écoles catholiques ; avec plaisir il verra naître et se développer des cercles d'études ; si on le convoque aux réunions, il ira en invité, très heureux de l'honneur qu'on lui fait ; et il ne cherchera d'autre supériorité que celle qui naît du savoir et de l'expérience ; encore, il s'excusera en quelque sorte d'avoir plus d'acquis que ses ouvriers, et dans le peu que ceux-ci savent il cherchera l'occasion de les faire briller.

Ce que peut un chrétien, chef d'industrie, s'il est homme de tact en même temps que bien intentionné, nous le ferons saisir sur le vif à nos lecteurs, en leur racontant une révolution pacifique dont nous avons été naguère le témoin :

A P***, en Seine-et-Oise, il y a dix-huit mois à peine, trois hommes seulement faisaient leurs pâques ; maintenant, bien près d'une centaine affirment au grand jour leur foi religieuse.

Après une retraite, un industriel revient à la pratique religieuse ; il comprend la mission éducatrice et sociale du patron chrétien ; il veut faire œuvre d'apostolat : le pourra-t-il ?

Rentré chez lui, cette pensée l'obsède ; il faut qu'il la communique.

Un soir, à l'heure où les ouvriers quittent l'usine, il en arrête trois au passage ; ce sont les trois restés toujours fidèles à leur Dieu, malgré l'indifférence générale.

La conversation s'engage. On évoque d'anciens sou-

venirs ; on parle des vieux parents maintenant disparus, d'un passé encore très proche si différent du présent. Alorscha que dimanche on se rencontrait à l'église,
et, après la prière sur les tombes, on causait fraternel-
lement, on avait plaisir à se voir.

Tout cela serait fini, et à jamais ?

« Moi, dit le patron, j'ai longtemps oublié de vous
donner l'exemple ; dimanche, vous me verrez à la
grand'messe.

— Nous, dirent les ouvriers, nous allons être à l'atelier, les meilleurs, les plus serviables, les plus com-
plaisants, ceux qui davantage se gêneront pour les
autres. »

De part et d'autre on tient parole.

Un camarade est retenu chez lui par la maladie, l'un
des « trois » fait marcher son métier, et le jour de la
paye lui porte son salaire.

« X*** est chrétien et bon camarade, » dit-on d'abord ;
puis quelques semaines s'écoulent, et l'on dit : « X***
est bon camarade, parce qu'il est chrétien. »

Les « trois » font merveille, la sympathie les entoure ;
maintenant ils peuvent s'afficher.

Ils lisent *la Croix,* cent trente-sept autres s'abonnent
à *la Croix.* A l'exemple de leur patron, ils désirent faire
une retraite ; successivement, et pour faire comme eux,
les autres vont en retraite.

La première caravane fut de douze. Les vérités religieuses les enchantent. L'histoire de l'Église, ses
dogmes, ses sacrements, la direction qu'elle donne à la
vie, tout cela c'est du nouveau pour eux ; un nouveau
qui n'a rien de commun avec les travestissements présentés par les sectaires.

A certains esprits il est facile de penser des sottises et de les attribuer aux autres ; c'est le fait des détracteurs de l'Église ; les ouvriers de P*** le voient clairement à cette heure.

De nouvelles caravanes font suite à la première ; soixante-treize ouvriers se succèdent à la maison de retraite de Z***.

Maintenant, le dimanche, l'église de P*** est remplie d'hommes ; ils furent trente-sept à communier à la Toussaint, cinquante à Noël.

L'épreuve a visité ces nouveaux chrétiens ; elle les a trempés davantage.

Pour se fortifier les uns les autres, pour s'encourager mutuellement, les ouvriers catholiques de P*** se sont groupés ; ils ont créé un cercle d'études, affilié à l'*Association catholique de la jeunesse française.*

Là, sous une direction éclairée, ils s'instruisent des vérités religieuses, ils étudient les questions sociales, et pacifiquement ils cherchent les vraies solutions aux problèmes économiques de l'heure actuelle.

Récemment ils étudiaient les rapports du capital et du travail, la raison d'être des Chartreux ; ils se demandaient : Pourquoi il y a des riches et pourquoi il y a des pauvres.

Quelquefois ils appellent des orateurs étrangers et savent leur procurer des auditoires de sept cents à huit cents personnes.

C'est ainsi qu'un député de Paris, M. Lerolle, aussi ferme croyant que merveilleux orateur, parla de la foi religieuse en termes si éloquents et si convaincus, que sa parole arracha des larmes et détermina des retours à Dieu.

Une autre fois, ce fut un avocat des plus brillants,
M. Boyer de Bouillane, qui parla du patriotisme et
montra que, sans la religion catholique, notre pays ne
saurait soutenir sa gloire passée.

De jeunes orateurs de l'École des conférenciers de
Paris firent aussi de leur mieux ; venus pour exciter au
bien, ils s'en retournèrent réconfortés eux-mêmes.

Apôtres dans leur commune, les membres du cercle
d'études de P*** rayonnent aussi dans les environs.

Ils ont formé une chorale qui va rehausser l'éclat des
cérémonies religieuses dans les paroisses avoisinantes.

Un jour, sous la pluie, ils parcoururent à pied vingt
kilomètres pour aller faire escorte d'honneur au saint
Sacrement ; leur présence fut un événement et une
révélation dans une localité où aucun homme ne fran-
chit le seuil de l'église ; une autre fois, ils firent autant
de chemin pour organiser une conférence en faveur des
religieuses expulsées.

Leur apostolat revêt toutes les formes, et ils s'ingé-
nient pour rendre des services.

Une grève rend le prix du charbon par trop onéreux ; ils forment une coopérative, achètent en gros et
tous, — croyants ou non, — profitent de l'initiative
catholique.

Voilà ce que peut un patron chrétien, secondé par
des directeurs et par des contremaîtres qui, parta-
geant ses idées, s'associent à son apostolat.

« Malheur à ceux qui ne croient qu'à l'argent, qu'au
droit, qu'à la sèche justice ! Moi, je crois à la puissance du cœur et de l'amour[1]. » Tel sera le langage de

---

[1] PIERRE L'ERMITE, *La grande amie.*

nos jeunes camarades qui sont destinés à être les industriels de demain.

Le soir, quand, la journée achevée, leur personnel défilera devant eux, ils n'auront pas l'affligeant spectacle « d'ouvriers fatigués, silencieux, qui semblent garder derrière leur front plissé une pensée vague de révolte ; d'ouvrières en cheveux qui n'ont plus rien de la femme, ni la réserve, ni la grâce, ni la pudeur ; de filles jaunes et hardies, qui parlent haut, plaisantent avec les apprentis et, le visage effrayé, se précipitent pour toucher du fer, quand par hasard un prêtre se rencontre sur leur chemin [1] ».

Devant eux ils auront des ouvriers francs et contents, regagnant joyeusement leur demeure, la journée achevée.

La meilleure des législations sociales, c'est encore le christianisme, vécu et appliqué !

---

[1] PIERRE L'ERMITE, *La grande amie.*

DEUXIÈME PARTIE

LES CARRIÈRES LIBÉRALES

PREMIÈRE SECTION

Le Droit.

LES ÉTUDES DE DROIT
LE BARREAU — LE NOTARIAT
AVOUÉS — GREFFIERS — COMMISSAIRES-PRISEURS

CHAPITRE PREMIER

LES ÉTUDES DE DROIT

J'ai dit précédemment mes sympathies et mes préférences pour l'industrie et pour l'agriculture. Naguère objet d'une sorte de fétichisme, les études de droit sont encore l'idéal ou bien le refuge de ceux qui n'ont pas une vocation très déterminée.

QUI DOIT FAIRE SON DROIT? — Évidemment et en première ligne, le jeune homme dont le père a une charge d'officier ministériel ou un cabinet d'avocat réputé. « Les fils de pères illustres, disait Pascal, entrent dans la vie avec une avance de trente années sur leurs contemporains. » Combien c'est vrai, aussi, des fils d'avoués ou des fils de notaires qui consentent à continuer les traditions paternelles! Rares sont ceux-là aujourd'hui.

Mais voici un jeune homme à l'esprit consciencieux et méthodique; il ne craint pas un travail opiniâtre et parfois minutieux, il sait apprécier la vie d'intérieur : pourquoi lui aussi ne ferait-il pas son droit?

Il a une certaine facilité de parole, il songe au barreau : qu'il soit avocat, pourvu cependant qu'il ait un minimum de six mille francs [1] de rente qui lui permette d'attendre bien modestement les clients et les honoraires. Heureusement doué, favorisé par les circonstances, ce jeune homme ne sera guère rémunéré par sa profession avant trente-cinq ans d'âge et dix ans d'exercice; il lui faut la vie assurée jusqu'à ce jour-là. Il pense plutôt à être officier ministériel, c'est parfait; encore faut-il qu'un capital variant entre quarante mille et deux cent mille francs lui assure dans l'avenir l'acquisition d'une étude. Ces jeunes gens seront les professionnels du droit.

Il en est d'autres qui doivent également faire des études juridiques, ce sont ceux qui vivront de leurs seuls revenus. Le privilège entraîne des charges, ils se doivent à la chose publique; futurs législateurs, il ne serait pas mauvais qu'ils aient étudié les lois.

Les magistrats, bon nombre de fonctionnaires [2] doivent être licenciés en droit; certaines administra-

---

[1] Des avocats, et des plus illustres, sont entrés dans la carrière qu'ils honorent aujourd'hui, n'ayant aucun revenu. Des répétitions de droit ou de lettres les ont d'abord fait vivre. Travailleurs infatigables, ils ont percé.

[2] La licence en droit est exigée pour les charges de greffier en chef de Cour d'appel, d'avocat à la Cour de cassation, pour être nommé conseiller de préfecture, pour l'entrée de la carrière diplomatique et consulaire, pour les concours à l'auditorat au Conseil d'État et à la Cour des comptes, pour le commissariat de la marine.

tions [1], calquées sur celles de l'État, ont également cette exigence ; un diplôme y est excellent, bien qu'une recommandation vaille mieux encore.

OÙ FAUT-IL FAIRE SON DROIT ? CHOIX D'UNE FACULTÉ.

— Le collégien que j'ai en face de moi s'est interrogé, il sait ce qu'il veut ; il a fait choix d'une carrière qui suppose des études juridiques ; le voici rentré dans sa famille. Après quelques mois de vacances, va-t-il quitter immédiatement les siens ; autrement dit, peut-il faire son droit dans son pays natal ou doit-il se rendre dans une ville universitaire ? Ce second parti sera généralement celui qu'il adoptera ; cependant le jeune homme qui aurait un père, un parent, un ami à même de guider ses études, pourrait à la rigueur faire sa licence en demeurant au milieu des siens, se contentant de fréquenter une Faculté pour y prendre ses inscriptions [2].

Ce jeune homme évitera ainsi l'isolement des grandes

---

[1] Contentieux des chemins de fer, banque, assurances. Dans ces différentes administrations, la licence est quelquefois un appoint précieux, mais rien de plus.

[2] Le registre des inscriptions est ouvert au secrétariat de la Faculté libre de droit de Paris, 74, rue de Vaugirard, pour le premier trimestre, du 25 octobre au 15 novembre ; pour le deuxième, du 3 au 17 janvier ; pour le troisième, du 1er au 15 mars ; pour le quatrième, du 1er au 15 mai ; ce sont à peu près ces mêmes dates dans toutes les Facultés. Lors de la première inscription, l'étudiant doit présenter : 1º son extrait de naissance légalisé ; 2º son diplôme de bachelier ; 3º un consentement écrit de son père ou de son tuteur. Chaque inscription est accompagnée d'un versement de 32 fr. 50. Pour passer le premier examen de droit, il faut quatre inscriptions ; huit pour le baccalauréat, douze pour la licence, seize pour le doctorat.

villes et les frais de séjour [1] loin de son pays. C'est à ce parti que s'arrêteront souvent les fils d'officiers ministériels de chef-lieu de canton ; leur présence à l'étude paternelle est souhaitée depuis longtemps ; leur père a le loisir de travailler à leur formation. Pour le doctorat, où les cours sont très spéciaux, l'étudiant ne pourra guère se dispenser de suivre l'enseignement de la Faculté. La ville universitaire la plus voisine de celle de ses parents sera celle où l'on se fixera de préférence : ainsi plus facilement on pourra aller prendre repos et distractions dans sa famille.

Mieux vaut aussi s'inscrire dans une *Faculté catholique*[2] que dans une Faculté de l'État : agir ainsi, c'est faire déclaration de principes, affirmation de foi religieuse ; de plus, on rencontre dans les Instituts catholiques des camarades qu'on discerne moins vite ailleurs, là se créent des amitiés vraies et solides qui durent toute la vie.

On pourra d'ailleurs compléter l'enseignement de la Faculté libre en suivant quelques cours aux Facultés

---

[1] Le montant des dépenses d'un étudiant dans une ville universitaire, sans compter les frais de scolarité et d'examens, peut être évalué à 1800 francs ; les frais de scolarité sont de 130 francs ; les frais d'examen, de 140 francs pour le premier examen, de 300 francs pour le deuxième et le troisième.

[2] Il y a des *Facultés catholiques de droit* à Paris, Lille, Angers et Lyon. Nos Facultés libres comptent environ quatorze cents élèves, alors que les Facultés de l'État en ont près de trente mille. Comment expliquer cette proportion, le nombre des élèves des collèges ecclésiastiques égalant à peu près celui des élèves des lycées de l'État ? Que les éducateurs catholiques parlent donc à leurs élèves des Universités libres en toute occasion ; ainsi et naturellement ils les aiguilleront vers elles ; elles sont le complément logique et nécessaire des humanités faites dans nos maisons religieuses.

d'État, ce sera une manière de connaître ses futurs examinateurs, un moyen aussi de n'être pas trop dépaysé au jour de l'examen dans un milieu qui sans cela vous serait tout nouveau.

COMMENT FAUT-IL FAIRE SON DROIT? — Pour être profitables, les années passées à la Faculté, — je l'ai déjà laissé entendre, — ne doivent pas être une période d'attente de trois ou de cinq ans, pendant laquelle on s'interroge sur la détermination de sa vie; ce doit être la première initiation à une carrière déterminée, le moyen d'arriver à une fin prévue d'avance.

Les jeunes gens qui se destinent au barreau, ceux qui pensent au notariat ou à la procédure, ceux qui songent à la vie politique ou bien simplement à exercer une influence sociale, doivent apporter à l'école des préoccupations différentes.

Sans doute, ce serait une erreur de croire que l'on puisse impunément ignorer certaines parties du droit pour n'en étudier que certaines autres; mais ce serait aussi une faute que de ne point approfondir d'une façon spéciale les matières qui se rapportent plus directement à la profession qu'on se propose d'embrasser.

Le futur avocat, destiné, au lendemain de sa licence, à assister et à protéger son client dans le cabinet du juge d'instruction, à plaider aux assises, prendra un intérêt particulier au droit criminel; mais il fera surtout du droit civil son étude principale. Le futur clerc d'avoué prêtera plus d'attention au cours de procédure, et j'imagine que le futur homme d'État se passionnera aux leçons d'économie politique.

3*

L'ENSEIGNEMENT DES FACULTÉS DE DROIT.

— Qui ne se souvient, parmi ceux qui ont fait des études juridiques, du désarroi intellectuel dans lequel on se trouve, quand, à la sortie du collège, tout à coup et sans transition, on se voit aux prises avec les aridités du droit civil et avec les problèmes fort compliqués de l'économie politique?

C'est qu'en effet, pour s'intéresser à une science quelconque, il faut très vite la comprendre et la dominer; alors seulement on aime à l'approfondir.

C'est peut-être audace de ma part, mais je voudrais présenter à mes lecteurs, — futurs étudiants en droit, — la science qu'ils apprendront bientôt. Que mes camarades licenciés ou docteurs ne lisent point ces lignes, ou qu'ils les lisent avec beaucoup d'indulgence, elles ne leur sont pas destinées.

L'homme a en lui-même le code des préceptes auxquels il doit se soumettre ; ces préceptes constituent le *droit naturel*[1].

Mais à l'obligation des principes l'homme peut se dérober : l'État alors intervient pour les lui rappeler, pour le contraindre à s'y soumettre; il le fait par le moyen de lois. L'ensemble des lois constitue le *droit positif,* et le droit positif, voilà ce que l'on enseigne dans les Facultés.

---

[1] Un cours de droit naturel devrait être professé dans les Facultés de droit. Il en est ainsi notamment à l'*Université catholique de Lille,* où cette partie fondamentale de la science du droit est l'objet d'une leçon par semaine dans les deux premières années de licence. M. Rothe, qui professe ce cours, a publié chez Larose un *Traité de droit naturel théorique et pratique,* qui devrait être entre les mains de tous les étudiants.

Or, dans une société bien organisée, dans un État normalement constitué, les rapports sociaux peuvent présenter trois aspects :

1º Rapports individuels des citoyens entre eux ;

2º Rapports de l'État considéré comme unité collective, avec les individus, membres de cet État ;

3º Rapports de l'État avec les nations voisines.

Ces rapports ont besoin d'être sanctionnés, et de là les trois grandes branches du droit positif :

L'ensemble des règles juridiques qui ont pour objet de déterminer les droits et les devoirs des particuliers entre eux forme le *droit privé ;*

Les règles qui s'appliquent aux droits et aux devoirs de l'État envers ses membres composent le *droit public ;*

Celles qui président aux relations de l'État avec les autres nations constituent le *droit international.*

Ces trois branches du droit positif partent en quelque sorte du tronc ; à leur tour, elles se subdivisent et donnent naissance à de nouveaux rameaux.

I. — Le *droit privé* comprend deux parties bien distinctes : 1º les *préceptes* qui établissent les droits des particuliers dans leurs rapports entre eux ; ces préceptes sont contenus dans le *Code civil* et dans le *Code de commerce ;* 2º les *règles* qui indiquent aux intéressés la marche à suivre et les moyens à employer pour faire valoir leurs droits et faire respecter les préceptes. Le *Code de procédure civile* contient ces règles.

II. — Le *droit public.* L'intérêt de l'État, représentant de l'intérêt collectif de ses membres, peut être mis en jeu relativement à sa constitution, à son administration, à sa conservation ; d'où trois branches dans le droit public : le *droit constitutionnel*, le *droit administratif* et le *droit criminel*. Le droit constitutionnel donne la vie à l'État; le droit administratif lui assure l'organisme indispensable à l'existence; enfin le droit criminel prévient les troubles contraires au bon ordre. Dans notre législation, le droit criminel a deux parties : *Code pénal* (préceptes et peines), *Code d'Instruction criminelle* (moyens de défense et d'exécution).

III. — Le *droit international* a deux branches. Il s'appelle *droit international public*, quand il régit les rapports des États entre eux; il s'appelle *droit international privé*, quand il régit les rapports de particuliers appartenant à divers États et ayant entre eux des litiges spécialement caractérisés.

Voilà, brièvement résumées, les grandes lignes de la science juridique. L'enseignement des Facultés de droit comporte encore autre chose.

D'abord une introduction historique ; avant d'étudier la législation dans son état actuel, on l'étudie dans le passé, c'est l'objet de l'*histoire du droit français* et du cours de *droit romain*.

En second lieu, le droit a besoin d'être complété et expliqué, c'est le domaine de la *doctrine* et de la *jurisprudence :* la doctrine, c'est l'enseignement traditionnel des auteurs expliquant un texte de loi ; la jurisprudence, c'est la compréhension qu'ont les juges du texte qu'ils appliquent, l'application de la loi à un fait déterminé.

Commentant les textes, les professeurs font une place et à l'enseignement traditionnel et aux recueils d'arrêts ; peut-être cette place n'est-elle pas suffisante.

L'enseignement des Facultés, je le sais, doit demeurer théorique ; si les professeurs cependant orientaient un peu plus les élèves vers la pratique, cela aurait-il un grave inconvénient ? Un cours de procédure, par exemple, où l'on mettrait entre les mains des élèves de véritables dossiers, où on les habituerait à rédiger les différents actes de procédure, n'aurait-il point plus de vie et d'intérêt qu'un cours purement doctrinal ?

Nous connaissons maintenant dans son ensemble l'enseignement des Facultés de droit ; voyons comment les différentes matières qui constituent la science juridique sont réparties, — plus ou moins arbitrairement, — entre les années d'études et les difficultés qu'offre à l'étudiant le programme qu'il a à voir.

LES EXAMENS. — La graduation, le baccalauréat, la licence, le doctorat, l'agrégation, voilà les différents examens que peut passer un étudiant en droit. Les études de licence sont obligatoirement de trois années ; les études de doctorat, thèse comprise, exigent en outre un travail de dix-huit mois à trois ans.

La Graduation ou certificat de capacité est le minimum exigé des futurs avoués ; cet examen ne réclame pas de ceux qui s'y présentent la possession du baccalauréat classique, il suppose une année d'études et porte sur certaines parties du Code civil, du Code de procédure, du Code pénal et du Code d'instruction criminelle. Généralement, les Facultés n'ont pas un enseignement spécial en vue de cet examen ; on s'y prépare seul, avec un répétiteur, ou bien en suivant tels ou tels cours de licence. Peut-être une Faculté libre, celle de Paris par exemple, aurait-elle intérêt à créer cet enseignement; elle aurait comme auditeurs, outre un certain nombre de clercs d'avoués, des élèves architectes, enfin beaucoup de jeunes gens qui, ayant manqué leur baccalauréat, désirent avoir un diplôme et quelques connaissances juridiques.

Le Baccalauréat [1] en droit est une étape forcée vers le grade de licencié ; il confère les mêmes prérogatives que la graduation, mais il exige des études classiques couronnées par le baccalauréat ès lettres. Il suppose deux années de travail et comporte deux examens, l'un après la première année d'études, l'autre à la fin de la seconde.

Premier examen. — « Un homme qui étudie pendant trois ans les lois de Théodose et de Justinien pour connaître la coutume de Paris, » telle est la définition que Voltaire donnait de l'étudiant en droit. Aujourd'hui encore, le *droit romain* occupe une place très importante au programme des études de droit, c'est assurément la matière la plus difficile du premier examen ; le *droit civil,* par contre, tient une place assez restreinte dans l'enseignement de première année ; l'*économie politique* suppose seulement la connaissance de quelques théories et l'exposé de quelques systèmes ; l'*histoire du droit* et les éléments de *droit constitutionnel* sont un jeu pour quiconque était fort en histoire durant ses classes. Une interrogation sur chacune des quatre matières que je viens d'indiquer, voilà en quoi consiste l'examen de première année.

---

[1] Le baccalauréat en droit dispense de l'épreuve juridique, au concours d'entrée de l'Ecole coloniale (décret du 22 février 1902); précédemment, l'examen de première année de droit suffisait pour dispenser de cette épreuve.

Deuxième examen. — L'examen qui se passe à la fin de la deuxième année, et qui confère le diplôme de bachelier, comprend *deux épreuves orales ;* l'une n'est pas éliminatoire de l'autre ; l'élève travailleur est donc assuré d'avoir au moins un demi-succès.

La *première épreuve* de seconde année comporte trois questions : deux sur le *droit civil*, une sur le *droit romain*. Parmi les questions de droit civil, l'une, presque toujours, porte sur la théorie des hypothèques ; il faut donc connaître à fond celle-ci, c'est une blanche assurée [1].

La *seconde épreuve* porte sur ce qu'on appelle, à la Faculté, les petites matières ; cet examen est facile, quoique vaste à effrayer. Le *droit administratif* sera l'étude qui demandera le plus d'application ; le *droit criminel* est plein d'intérêt pour les futurs avocats d'office ; quant au *droit international public,* on constate que les règles qui le régissent sont pour le présent de superbes théories ; puissent-elles un jour s'imposer et les congrès de La Haye avoir des résultats pratiques !

La Licence. — Cet examen comporte un écrit et deux oraux.

L'*écrit* comprend lui-même deux compositions : l'une de *droit civil,* et l'autre de *droit commercial.* Pour chacune de ces compositions, le candidat a le choix entre deux sujets qui lui sont proposés, et il a

---

[1] Les suffrages des examinateurs s'expriment sous la forme suivante : *boule blanche,* très bien ; *blanche rouge,* bien ; *rouge,* assez bien ; *rouge noire,* médiocre ; *noire,* mal. Aux examens de baccalauréat ou de licence, tout candidat qui a mérité une boule noire et une rouge noire, ou deux rouges noires, est ajourné.

Au doctorat, pour être reçu, il faut une moyenne de blanches.

trois heures pour traiter le sujet auquel il s'arrête. Le candidat ne doit avoir à sa disposition qu'un code; hélas! la couverture de cet innocent recueil cache trop souvent, au lieu de lois courantes qu'on devrait y trouver, des manuels où sont traités tout au long les sujets de composition. J'ai entendu dire à un professeur : « A l'écrit de licence ne sont refusés que ceux qui ne copient pas, » boutade bien voisine de la vérité !

Cet état de choses est intolérable ; il faut qu'il cesse ou que les compositions écrites soient supprimées ; or ces compositions écrites sont très utiles ; il serait même désirable qu'il y en eût à tous les examens de droit. Sérieusement contrôlées, puis corrigées avec soin, elles assureraient le succès aux travailleurs, dispenseraient les professeurs de tenir un compte exagéré des recommandations ; enfin elles feraient des examens de droit, non une loterie, mais une constatation de savoir.

L'oral de licence se subdivise en deux examens :

Le *premier* porte sur le *droit civil* [1] et sur le *droit commercial*. La préparation de cet examen suppose un travail sérieux et approfondi ; le droit commercial est une matière tout à fait neuve pour l'étudiant, cette étude demande un effort continu de la part de l'élève, et de la part du maître une extrême clarté d'exposition.

Le *second* oral porte sur la *procédure civile*, le

---

[1] L'étude du droit civil est répartie entre les trois années de licence.

Il y a deux sessions par an pour les examens de baccalauréat et de licence : juillet et novembre. Il y a des examens de doctorat tous les mois, les vacances exceptées ; mais, après un échec, le candidat doit laisser passer deux mois avant de tenter une nouvelle épreuve.

droit international privé, et une troisième matière, dite
à option, qui sera le *droit maritime*, la *législation
financière* ou les *voies d'exécution*. Le choix de l'étudiant s'arrêtera souvent sur le droit maritime, parce
que c'est la matière la plus facile; mais c'est là une
faute, les autres matières sur lesquelles le choix aurait
pu s'exercer étant d'une connaissance beaucoup plus
pratique dans la vie journalière.

Sur la façon dont se passent les différents oraux de
licence, il faut formuler un même reproche. En face
de lui et les interrogeant successivement, l'examina-
teur a généralement quatre élèves; il les questionne
tous quatre sur le même point de droit; au premier il
demande des généralités, des définitions; pour le quatrième, la matière étant à peu près épuisée, l'examen
porte sur des points de détail.

N'y aurait-il pas un système d'interrogation meilleur
et plus équitable? Ne serait-il pas préférable d'interroger chaque candidat un peu sur tout son programme,
cherchant ainsi à savoir s'il n'y a pas de trop graves
lacunes dans ses connaissances?

Le Doctorat. — L'étudiant est licencié : doit-il faire
son doctorat?

Évidemment, s'il en a besoin pour le service militaire.

Cela est encore très désirable s'il a du temps devant
lui et s'il n'a pas la maturité qu'il faut pour un travail
personnel; c'est aussi une constatation et un brevet de
travail à un jour donné pour celui qui, après cet effort,
ne rêve plus que se reposer sur ses lauriers. Pour
un grand nombre, il faut cependant l'avouer, le doctorat, tel qu'il existe à l'heure actuelle, est une perte

de deux ou trois ans de vie pratique, puisqu'il n'est que la revision détaillée des matières vues en licence ; une thèse écrite en hâte et généralement dénuée de valeur complète l'examen, et le doctorat est devenu si commun en ces dernières années, qu'il serait bon de songer à lui rendre un peu de prestige.

Ne pourrait-on pas créer dans les Facultés de droit ce qui existe dans les autres facultés? un *doctorat de l'Université* qui serait, à quelque chose près, l'examen actuel, et le *doctorat* tout court, qui serait le couronnement d'une œuvre personnelle. Cet examen comporterait seulement une thèse accompagnée, si on le veut, d'une interrogation générale sur la matière, dont la thèse mettrait en lumière un point particulier. Le sujet, pour être accepté, devrait être marquant et neuf ; le long labeur d'un magistrat, d'un officier ministériel, d'un économiste qui, arrivé à trente-cinq ou quarante ans, ayant étudié et appris par lui-même, écrirait un ouvrage qui serait un monument. La soutenance d'un semblable travail serait une solennité ; alors le doctorat en droit pourrait être mis sur le même pied que le doctorat ès lettres ou ès sciences, il accuserait une « valeur ». Une thèse, entourée de telles garanties, au lieu d'être un devoir d'écolier, serait une œuvre capable de faciliter et d'inspirer le travail parlementaire.

Après l'expression de ce vœu, parlons du doctorat actuel, celui que nous souhaitons voir appeler demain doctorat de l'Université ; il a deux formes : le doctorat juridique et le doctorat politique et économique.

Le *doctorat juridique* comporte, avant la thèse, deux examens :

Le *droit romain* est la partie la plus importante du

premier; une question d'*histoire de droit* complète cette épreuve.

Le *deuxième examen* comprend l'ensemble du *droit civil,* et, au choix de l'examiné, une interrogation sur une autre matière.

C'est le vieux doctorat de jadis; il forme à la réflexion, développe surtout la mémoire, l'use un peu parfois; il suppose de l'application et un réel effort: voilà sa valeur comme étude désintéressée. Pratiquement, la revision du Code civil serait chose excellente; mais, faite hâtivement en quelques mois, elle réveille tout simplement les souvenirs de licence sans augmenter, dans une mesure appréciable, la science de l'étudiant [1].

Autrement séduisant, fait pour ouvrir l'esprit et lui donner la curiosité du savoir, est le *doctorat politique et économique;* mais, à cause de l'étendue de son programme, il est bien autrement décevant que le doctorat juridique.

Il comprend deux examens : le premier porte sur l'*histoire du droit,* le *droit administratif,* le *droit international public,* et, au choix du candidat, sur le *droit constitutionnel comparé* ou sur les *principes généraux de droit public.*

L'étudiant fera bien d'opter pour le droit constitutionnel comparé ; c'est une étude précise que celle-là, quand le professeur du moins sait ce qu'il enseigne ; de plus, rien n'est intéressant comme l'étude des consti-

---

[1] Pour beaucoup cependant cette revision est indispensable, les études de licence ayant été faites trop à la légère. A signaler, dans les Facultés, les *cours approfondis.* Là, le professeur creuse un sujet assez restreint et généralement d'ordre pratique. Ces cours, très profitables, sont à suivre.

tutions des pays voisins, et, à notre époque, où les rapports internationaux se multiplient, il n'est pas permis d'ignorer totalement la vie et l'organisme des peuples rivaux de son pays.

Le deuxième examen porte sur l'*économie politique* et l'*histoire des doctrines économiques*, sur la *législation française des finances* et la *science financière*, enfin, au choix du candidat, sur la *législation industrielle, rurale* ou *coloniale*.

Ce programme si plein d'intérêt n'a qu'un défaut, celui d'être une encyclopédie. L'étudiant qui lui consacre les quelques mois réglementaires saura des formules, possédera quelques dates ; il n'aura pas une idée nette des sciences qu'il aura étudiées, il croira savoir, et, ce sera pour lui le pire des malheurs, il aura parfois la suffisance de l'esprit qui empêche d'apprendre.

Des professeurs simplifient l'examen en le limitant d'une façon extrême ; ils interrogent seulement sur les matières qu'ils ont enseignées à leurs cours ; ainsi en est-il à la Faculté de l'État de Paris, où l'examiné doit savoir page par page et numéro par numéro ce qu'enseignent les maîtres. Est-ce là une méthode qui permette d'apprécier la valeur et l'effort personnel ?

L'AGRÉGATION. — Seuls, les candidats au professorat passent cet examen qui est un concours difficile, mais qui ouvre une carrière honorable et jusqu'à ce jour suffisamment libre.

LES LIVRES. — Dès sa première année de droit et sans trop tarder, l'étudiant doit se monter une petite bibliothèque juridique. Les livres compléteront les cours, y suppléeront en partie si, pour une raison ou pour une autre, l'étudiant est forcé de préparer seul ses examens, sans une direction qui l'inspire et sans une expérience qui se mette à son service. Les matières du *cours de droit civil* sont assez bien exposées dans les ouvrages de M. Baudry-Lacantinerie, professeur à la Faculté de Bordeaux, ou de M. Planiol, professeur à la Faculté de Paris [1]. Chacun de ces ouvrages comprend trois volumes, et chacun de ces volumes correspond à peu près à une année de licence.

Deux manuels de *droit romain* sont d'un usage courant : celui de M. May, intéressant mais difficile comme livre de travail, et celui de M. Petit, clair, méthodique, d'un usage facile [2].

L'histoire du droit et le *droit constitutionnel*, c'est le domaine de M. Esmein. Sur ces matières, le professeur de la Faculté de Paris, qui est un spécialiste, a écrit des ouvrages de valeur ; sa théorie de la monarchie absolue, bien contre son gré, j'en suis sûr, serait capable de faire rêver à l'ancien régime. M. Esmein fait penser et réfléchir.

En nous initiant aux idées des personnages du passé, il fait réapparaître à nos yeux les régimes disparus dans leur réalité vivante. Malheureusement, — et M. Esmein devrait y remédier, — la disposition typographique de ses ouvrages les rend impraticables pour une revision en vue d'examen ; ses livres sont à lire et à noter, l'étudiant retirera un sérieux profit de ce travail.

---

[1] Des réserves sont à faire sur ces deux ouvrages au point de vue catholique, notamment au chapitre du Divorce.

[2] Également à signaler le *Manuel* de Girard, lib. Rousseau, très employé par les candidats au doctorat.

Comme *lectures complémentaires* sur les matières dont je viens de parler, il faut citer les différents ouvrages de M. Boutmy : *Études de droit constitutionnel, Histoire du développement de la constitution anglaise,* et surtout les *Principes fondamentaux de droit,* de M. de Vareilles-Sommières, doyen de la Faculté catholique de Lille. Là, beaucoup d'erreurs sont réfutées, de principes rétablis; à citer notamment les chapitres sur la loi et sur l'origine de la société civile.

MM. Beauregard et Gide, deux professeurs de la Faculté de Paris, deux économistes qui professent des idées différentes, ont écrit des manuels d'*économie politique,* ce ne sont que des manuels; il faut les connaître ainsi que l'*Histoire des Doctrines économiques,* de M. Rambaud, professeur à la Faculté libre de Lyon. Si l'on veut donner à ses études une orientation vraiment pratique, il serait encore bon de lire le très remarquable ouvrage de M. Béchaux, *les Revendications ouvrières.* L'élève de première année pourra compléter et christianiser sa science économique très modeste en lisant l'ouvrage que le R. P. Antoine a écrit sur cette matière [1]. En économie politique, il ne faut pas, au petit bonheur et selon l'expression du moment, se déclarer le tenant de telle ou telle école; en ayant sa conscience comme guide, il faut les étudier toutes, réservant à l'âge de l'expérience l'avis à formuler, la décision à prendre. On a dit de notre génération qu'elle parlait trop vite et qu'elle pensait trop tard; à nos successeurs de ne point tomber dans ce travers.

[1] A conseiller aussi la lecture de *la Réforme sociale,* l'organe des continuateurs de Le Play, 54, rue de Seine, et de *l'Association catholique,* l'organe des catholiques sociaux, 14, rue de l'Abbaye.

L'étudiant de première année empruntera à la bibliothèque paternelle *la Cité antique*, de Fustel de Coulanges, et *le Village d'ancien régime*, de Babeau.

Je me suis arrêté longuement sur ces lectures de première année, parce que c'est alors surtout qu'on a besoin d'orientation. Successivement viendront se ranger sur les rayons de la bibliothèque : le *Droit administratif*, de Simonet, travail très clair d'un praticien ; le *Droit criminel*, de Garraud, ouvrage parfois un peu diffus ; le manuel de *Droit international public*, de Foignet, facile, excellent résumé ; le traité de *Droit commercial*, de Lyon-Caen, ouvrage un peu complet pour quiconque ne veut pas se spécialiser, et qui pourrait alors être remplacé par le manuel de Bœuf, — cet auteur, dans ses différents ouvrages, présente aux étudiants « un concentré » de droit ; — la *Procédure civile*, de Garsonnet, ouvrage assez étendu, ou de Camuzet, résumé avec tableaux synoptiques d'un usage très facile, etc...

Certains auteurs, plus complets, et dont les ouvrages par conséquent sont plus coûteux, seront utilement consultés dans les bibliothèques : Baudry-Lacantinerie (édition complète), Aubry et Rau, Demolombe, Accarias, Leroy-Beaulieu, Cauwès ; il serait bon aussi d'apprendre le maniement des ouvrages de jurisprudence de Dalloz ou de Sirey, de parcourir les revues d'économie sociale, etc...

Bien insuffisantes sont donc ces études de droit, faites dans les petits manuels de Leray ou de Pitois ; ceux-ci peuvent être utiles pour une revision, pour une vue d'ensemble avant une étude approfondie, et c'est tout.

Il ne faut pas l'oublier, en effet, ce qui fera la valeur et le succès de l'étudiant en droit, — et cela non seulement au point de vue de l'examen, mais encore au point de vue de la formation générale, — ce sera sa méthode de travail, son effort soutenu, la fidélité à son règlement ; l'étudiant qui s'astreindra à un minimum de sept heures de labeur quotidien, avec repos complet le dimanche, qu'il consacrera aux œuvres, est assuré de faire des études profitables.

CHAPITRE II

LE BARREAU

FORMATION PROFESSIONNELLE DE L'AVOCAT

Un jeune aspirant au barreau vient de passer ses examens de droit, il a le titre d'avocat; immédiatement, est-il à même de plaider avec compétence et succès?

Assurément non : il faut qu'au préalable ce jeune homme se soumette à un double stage : stage préliminaire et de pratique chez un avoué, stage plus strictement professionnel au Palais et dans le cabinet d'un avocat en renom.

Chez l'Avoué. — Il est nécessaire qu'à vingt-trois ans, licenciés ou docteurs abandonnent l'école et la théorie et qu'ils abordent la pratique [1].

---

[1] « En Amérique, — pays d'affaires par excellence, — les futurs avocats ne consacrent généralement qu'une année aux études théoriques de droit, n'estimant la théorie que dans la mesure où elle sert à la pratique. En France, nous cherchons dans le diplôme une dignité ; aux États-Unis, l'étude n'est qu'un instrument de travail, d'où, — sens beaucoup plus pratique de l'en-

Faire plus tôt de la cléricature serait une faute; remettre à plus tard cette initiation nécessaire serait prolonger trop longtemps pour beaucoup la période du travail non rémunéré.

A l'école, en effet, le jeune homme qui fait son droit sérieusement a bien peu de temps à lui. Les étudiants qui ont beaucoup de loisirs sont ceux qui se contentent d'apprendre par cœur des ouvrages rédigés en vue des examens. Ce travail de mémoire, aussi pénible qu'infructueux, ne doit pas satisfaire le futur avocat. Celui-ci aura bientôt la responsabilité des intérêts privés qu'on lui confiera : il faut donc qu'il approfondisse, autant qu'il est en son pouvoir, les matières des cours qu'il est appelé à suivre. De plus, il doit perfectionner son éducation du collège; il est désirable qu'il complète ses études philosophiques, historiques et littéraires. Chaque jour, de plus en plus, ces connaissances seront nécessaires à l'avocat qui veut occuper un rang élevé dans sa profession; en outre il devra conserver l'habitude d'écrire : la clarté du style et la précision de la pensée assureront toujours au barreau une prééminence sur beaucoup de confrères.

Ceci étant, on ne saurait conseiller à l'étudiant, durant son séjour à l'école, une présence souvent fictive chez un officier ministériel.

Le jour où l'étudiant quittera la Faculté, il entrera chez un avoué. Ce sera pour lui la meilleure préparation à sa future carrière d'avocat. Là, il apprendra

seignement, — on fait des études de droit avec la préoccupation qu'elles doivent servir, alors que chez nous elles sont surtout l'occasion d'une récolte de diplômes. » (P. DE ROUSIERS, *La vie américaine.*)

beaucoup de choses qu'il ignore, et en même temps il posera les bases de sa clientèle future.

Pour cela, il ne sera pas un clerc amateur, allant dans une étude quelques heures chaque jour et quand il lui plaît; il sera, au contraire, un clerc assidu sur lequel on peut compter, et auquel on confie la rédaction d'actes importants.

Surmontant les multiples ennuis qui l'attendent, le futur avocat se donnera complètement aux affaires de l'étude où il fera son apprentissage; ainsi il méritera la confiance de son patron et l'estime des clients.

Il serait désirable que tout avocat eût passé trois années chez l'avoué[1]. Deux années d'assiduité et d'application suffiront pour arriver au grade de second clerc; suppléant alors le principal, l'étudiant en procédure apprendra en une année le maniement général des affaires.

De préférence, le stagiaire choisira une étude où les clercs ne sont pas en trop grand nombre, où il connaîtra le principal, et où celui-ci prendra à cœur de faciliter son initiation.

Parmi ses confrères, le jeune licencié ou docteur en droit rencontrera les futurs avoués de l'avenir. En relations de camaraderie avec eux dès la jeunesse, ceux-ci lui fourniront plus tard des causes; pour cela, il suffit qu'ils remarquent en leur collègue la puissance du travail, et qu'ils apprécient en lui la cordialité des rapports.

Souvent l'ancien patron fournira le commencement d'une clientèle. On rapporte ce joli trait dans la bio-

---

[1] L'intérêt d'un principal clerc d'avoué peut hâter singulièrement cette initiation.

graphie de M⁰ Liouville : M⁰ Dupin devait plaider un grand procès; au dernier moment, tombé malade, il ne put s'exécuter. Cependant les clients avaient hâte de voir trancher le litige qui depuis longtemps les tenait en suspens. Que faire? Il était trop tard pour demander à un homme célèbre de remplacer M⁰ Dupin et de prendre connaissance du dossier. Or l'avoué, qui instrumentait dans l'affaire, avait parmi ses anciens clercs un avocat inscrit de la veille au barreau. Celui-ci avait suivi le procès dès la première heure; il en avait dirigé toute la procédure : c'était Liouville.

Sûr de son savoir, confiant en son talent, son ancien patron lui demanda de soutenir devant le tribunal l'intérêt de ses clients. Heureux et ému, Liouville accepta, plaida, gagna le procès. Ce premier triomphe lui assurait une place au Palais et lui présageait un brillant avenir.

Le passage chez l'avoué permettra donc généralement à l'avocat de se préparer une clientèle.

Cependant aujourd'hui les relations mondaines, les attaches politiques jouent un grand rôle dans la constitution du cabinet, et tel est grand avocat parce qu'il a été ministre ou est en passe de le devenir.

Mieux vaut la célébrité de bon aloi, qui est le fruit du travail et d'une longue patience.

Chez l'avoué, le clerc non professionnel a une légère rétribution : cinquante francs par mois d'abord, puis cent francs, quelquefois cent cinquante; c'est là assurément une somme bien modeste, mais qui diminue d'autant les frais de la vie d'étudiant.

Le clerc d'avoué fréquente le Palais, c'est là aussi une bonne chose; il se familiarise avec les us et coutumes de la maison qui sera bientôt la sienne ; il va au greffe, on le rencontre au bureau d'enregistrement et chez les huissiers audienciers ; il accompagne son patron à la salle des expropriations et devant le juge des référés ; il est du Palais.

Trois années cette vie a été celle de l'apprenti-avocat ; maintenant il a vingt-six ans, il est temps qu'il appartienne au barreau.

Un rapide passage chez un notaire lui eût encore été profitable ; trop souvent il devra, pressé par le temps, se dispenser de cette formation complémentaire.

Au Palais. — L'apprentissage chez l'avoué doit, semble-t-il, précéder l'inscription au barreau.

D'abord les règles de la profession d'avocat interdisent l'accès de la barre au stagiaire qui fréquente une étude d'officier ministériel ; la règle, il est vrai, pourrait être éludée et l'est souvent.

Ensuite, — motif qui semble meilleur, — le futur avocat n'a pas intérêt à hâter l'heure où il payera patente ; mieux vaut pour lui commencer son stage réglementaire au moment où il se donnera tout entier au Palais. Il y arrivera ainsi plus âgé, mieux préparé, s'imposant davantage à ses confrères, et plus à même de conquérir par son mérite une place de secrétaire de la conférence du stage.

La vérification du diplôme. — Quand on est décidé à se faire inscrire, on dépose son diplôme de licencié au parquet du procureur général. J'avertis les gens timides qu'ils ne verront pas le chef du parquet, mais l'huissier qui veille à sa porte ; celui-ci les mettra au courant des différentes démarches qu'ils auront à faire.

Ils devront notamment verser un droit de cinquante-quatre francs au greffe.

Le serment. — Au jour qu'on leur a fixé, les futurs avocats se rendent au vestiaire de leur ordre, revêtent pour la première fois la robe, et, précédés de l'appariteur, vont à la première chambre de la cour, dans les villes du moins où il y a une cour d'appel.

La cérémonie pourrait être solennelle et imposante; elle ne l'est pas généralement. Un greffier lit une formule que personne n'entend; chacun alors, à l'appel de son nom, prononce le « *Je le jure* », qui le lie envers les magistrats, les clients et les confrères.

La demande d'inscription au barreau. — La prestation de serment ne donne qu'un titre, le licencié assermenté ne peut pas encore exercer la profession d'avocat; seule, l'inscription au barreau confère ce droit.

Revenu au secrétariat de l'ordre, l'étudiant remplit un formulaire dans lequel il demande d'être inscrit au barreau; s'il connaît quelque membre du « Conseil », il manifeste le désir de l'avoir pour rapporteur.

Lorsque ce rapporteur est nommé, le licencié assermenté lui fait une visite et lui porte son dossier, puis il attend que son ancien vienne à son tour le voir.

Le rapporteur a mission de s'assurer si le postulant réalise les conditions voulues pour appartenir à la profession que lui-même exerce depuis longtemps. Le stagiaire doit habiter dans ses meubles, avoir un commencement de bibliothèque et un cabinet dans lequel il pourra recevoir les rares clients qui le visiteront.

Quelques jours plus tard, une lettre apprend au postulant qu'il est admis au stage; alors commencent pour lui des obligations nouvelles : la présence aux réunions de colonne, l'assistance à la conférence des avocats.

La colonne. — A tous les avocats stagiaires, on assigne en quelque sorte un protecteur et un guide parmi ses aînés; on constitue ainsi plusieurs petits groupes dans la famille qui est l'Ordre; chaque groupe constitue une « colonne ».

Chaque colonne a deux réunions par an, aux jours fixés par son président. Là les jeunes reçoivent quelques conseils professionnels; on traitera, par exemple, de la question des honoraires ou du mandat.

La présence à ces réunions est strictement exigée; pour s'en dispenser, il faut des motifs sérieux.

La conférence. — C'est la réunion hebdomadaire de tous les avocats stagiaires : elle a lieu, à Paris, le samedi matin. Les stagiaires signent leur nom sur un carton *ad hoc;* il leur est ensuite conseillé d'assister à la conférence. L'ordre du jour est affiché; on traite généralement une question de droit soulevée par un fait d'actualité. Ne traitait-on pas récemment cette question : Celui qui, durant une période électorale, articule des allégations de nature diffamatoire contre un candidat, poursuivi par celui-ci, est-il admis à prouver le bien-fondé de son imputation ?

Cinq orateurs parlent sur la question; deux soutiennent l'affirmative, deux la négative; un cinquième a mission de les départager, il remplit les fonctions de ministère public.

Les sujets de conférence sont soumis quinze jours à l'avance; quand une question intéresse, on se fait inscrire pour prendre la parole : parmi les inscrits, on tire au sort les cinq orateurs.

Les réunions de la conférence sont présidées par le

bâtonnier, assisté, à Paris, de douze secrétaires, qui portent le nom de secrétaires de la conférence.

Les secrétaires de la conférence. — « Pour être secrétaire, a écrit un maître du barreau, il faut plaire au bâtonnier et cultiver les secrétaires sortants. »

Les secrétaires, en effet, sont choisis par leurs prédécesseurs ; ils doivent avoir parlé deux fois durant l'année de leur élection.

L'éloquence de la conférence est solennelle ; le genre sobre n'y est pas toujours goûté ; le vrai talent cependant s'impose.

Aux candidats secrétaires, l'ancien que nous avons déjà cité donne ce conseil : « Vous prendrez, dans le sujet soumis à la discussion, deux ou trois arguments bien simples ; vous les développerez en phrases éloquentes qui se fleurissent de concetti ; vous ajouterez quelques anecdotes piquantes et surtout imprévues ; vous apprendrez le tout par cœur, et vous réciterez avec une conviction larmoyante, avec une dignité magistrale ou une volubilité impétueuse, selon votre tempérament. » Ce conseil est souvent suivi. D'autres arrivent au secrétariat avec un talent plus personnel et en faisant preuve de très réelles connaissances.

Quand on vise au secrétariat, il faut le vouloir dès le premier jour de son inscription, et alors sûrement on arrive. Le titre d'ancien secrétaire est, au Palais, d'une utilité pratique incontestable.

Stage chez l'avocat. — En même temps qu'il poursuivra son stage réglementaire, le jeune débutant au barreau fera en sorte d'être attaché au cabinet d'un avocat en renom ; le choix d'un bon patron est chose capitale.

Par l'avoué chez lequel il a fait son premier stage, par des relations personnelles, le jeune avocat trouvera le maître désiré. Alors le stagiaire étudiera les dossiers de son patron ; il lui fera des recherches en vue de plaidoyers ; il ira à l'audience demander des remises. Il se redressera avec un certain orgueil, lorsque sur son passage un camarade flatteur dira : « C'est le secrétaire de M⁰ X***. » Parfois enfin il plaidera quelques causes dédaignées par le patron.

A la fin de l'année, l'avocat célèbre offrira à son secrétaire un ouvrage de jurisprudence, et dans la suite, surmené de plus en plus par les affaires, il lui enverra quelques clients.

Cette situation peut être d'un grand profit ; à la fois elle multiplie les relations et initie aux affaires.

L'avocat qui aura passé par cette filière sera toujours supérieur à l'étudiant qui, au lendemain de sa licence, se sera mis à plaider en correctionnelle.

La défense d'office n'offre, en effet, l'occasion de se familiariser qu'avec un ordre restreint d'affaires ; au contraire, c'est toute la vie judiciaire qui passe en raccourci dans le cabinet d'un avocat en renom.

En province, on ne peut guère se dispenser de la défense d'office ; il en est heureusement autrement à Paris.

Vers la trentaine, et après le double stage que nous venons d'indiquer, l'avocat doit songer à se suffire à lui-même.

La lutte, certes, n'est point finie pour lui ; elle s'accentue plutôt, du moins s'il veut compter parmi les premiers.

A la première étape du succès, le jeune avocat connaîtra l'envie ; il n'est point assez éloigné de ses compétiteurs pour que ceux-ci n'essayent point de ruiner sa réputation naissante et d'entraver sa marche.

A la seconde étape, s'il y parvient, il connaîtra alors la renommée professionnelle ; il aura dépassé l'envie. Les confrères chercheront sa protection ; des honoraires considérables lui assureront une vie facile ; les magistrats compteront avec lui, et si l'un d'eux manquait un jour aux égards dus à la défense, l'avocat serait en droit de dire comme Me Chaix-d'Est-Ange : « Nous sommes égaux, monsieur le procureur général, au talent près. »

CHAPITRE III

LE NOTARIAT

Le notaire peut, d'un mot, aplanir une difficulté naissante, rapprocher deux parties que guettait déjà la gent procédurière, et, par une convention passée en son étude, mettre fin à un litige qui aurait pu s'éterniser en allant devant les tribunaux.

Bien vite, s'il comprend son rôle, il est l'ami auquel on se confie, le conseiller qu'on interroge dans tout embarras.

Aussi, au temps où on savait être reconnaissant, avec le prêtre et le médecin, il avait sa place à la table de famille; il était de toutes les fêtes domestiques, et on l'associait à tous les anniversaires intimes.

Aujourd'hui, on mène campagne contre les notaires. Une loi récente[1], qui heureusement n'est pas telle qu'on la rêvait, fait du notariat une question d'actualité.

[1] Loi du 12 août 1902 portant modification aux lois du 25 ventôse an XI et 21 juillet 1843. C'est donc ces trois lois combinées qui réglementent aujourd'hui le notariat; nous renvoyons nos lecteurs à ces textes pour certains renseignements purement énumératifs.

I. — Préparation au notariat

A. Qualités professionnelles. — Le notariat exige *certaines aptitudes d'esprit et certaines habitudes de vie.*

Une conscience droite, mais beaucoup de perspicacité ; une discrétion à toute épreuve, mais un accueil qui fait naître la confiance : telles sont les qualités natives d'un bon notaire.

De plus, il faut avoir une réelle puissance de travail, aimer la vie sédentaire, être régulier et toujours à la disposition de ceux qui viennent vous consulter, savoir se contenter de distractions simples et prises sur place au milieu de la clientèle.

Un esprit sans fixité, un homme qui ne sait pas rester chez lui et qui hait la monotonie des jours qui se succèdent en se ressemblant, ne serait pas apte au notariat.

Un capital suffisant pour payer son étude, capital monnayé et non pas en espérances ; un profond savoir ou plutôt une grande aptitude à apprendre, voilà les autres conditions du succès.

Sans fortune et sans principes, homme d'argent avant d'être honnête homme, le notaire aurait tendance à transformer son office en officine ; sans de fortes études classiques, il serait dans un réel état d'infériorité dans ses rapports avec sa clientèle : avocats habitués aux nuances de la pensée, propriétaires parfois lettrés délicats. Au contraire, possédant parfaitement sa langue, il parlera avec autorité, et par là même fera mieux prévaloir son avis dans les conversations d'affaires et les discussions de cabinet ; enfin, dans la rédaction de ses actes, son style à la fois logique et clair facilitera l'interprétation des conventions et évitera les germes de procès.

B. Connaissances juridiques. — Les nécessités de la loi de 1889 sur le recrutement de l'armée font qu'à l'heure actuelle beaucoup, parmi les jeunes notaires, sont *docteurs en droit*. Ce diplôme peut rehausser leur prestige : il ne leur est pas d'une grande utilité pratique ; il peut se faire même que la préparation des examens nuisant à l'assiduité à l'étude et entravant les recherches personnelles, le doctorat soit pour beaucoup de praticiens une cause d'infériorité sur les confrères dépourvus de ce diplôme, mais travailleurs et curieux des recherches qui instruisent.

La science théorique du notaire ne peut se circonscrire, en effet, dans les cadres étroits et vastes à la fois de l'enseignement des Facultés, il lui faut savoir plus et moins, c'est-à-dire autre chose : de là l'utilité des *écoles de notariat*.

Dues à l'initiative des notaires, fondées par eux et pour eux, ces écoles ont en général ce sens des réalités de la vie et des besoins d'une profession que n'ont point nos Facultés de droit[1].

A Paris, à Angers, à Bordeaux, à Rennes, à Nantes, à Rouen, existent des écoles de notariat ayant toutes leur physionomie propre et s'inspirant, dans leur enseignement, des nécessités locales. De date récente, ces écoles verront augmenter le nombre de leurs élèves le

---

[1] Plusieurs Facultés catholiques de droit ont créé des cours de notariat. C'est une initiative qui mérite d'être louée.

jour où, leur existence légale étant reconnue, et la loi de 1902 entrant en vigueur, leur diplôme dispensera de deux ans de stage l'aspirant au notariat. On devrait aussi, au point de vue militaire, assimiler les écoles de notariat aux écoles de commerce et favoriser ainsi tous les jeunes gens qui, de bonne heure, décident définitivement de l'emploi de leur vie.

Un danger menace les écoles du notariat ; je l'entrevois dans une phrase de la circulaire ministérielle [1] qui accompagne la loi récente : « Aucune des écoles qui fonctionnent actuellement n'a reçu des pouvoirs publics l'investiture légale. »

Cette investiture légale m'effraye, et je crains qu'avant de la donner l'État, suivant son habitude, ne veuille réglementer à outrance les écoles de notariat. En France, c'est une coutume dont il faudrait nous débarrasser : l'État réglemente tout, et ainsi il tue toute initiative, empêche toute innovation et retarde la marche vers le progrès. Quand comprendra-t-on que toute loi est mauvaise, qui se substitue sans raison à l'initiative des particuliers ?

Les notaires savent mieux que quiconque l'enseignement qu'il convient de donner à leurs futurs successeurs ; que le législateur intervienne donc tout au plus pour sanctionner les décisions des chambres notariales, et chacun restera dans son rôle.

Que fait-on dans une école de notariat ?

L'élève y reçoit généralement un triple enseignement : 1° *enseignement législatif;* 2° *enseignement appliqué;* 3° *enseignement de rédaction d'actes.*

[1] Circulaire du 16 août 1902, adressée aux procureurs généraux. La loi de 1902 n'entrera en vigueur qu'en 1904.

Dans le premier de ces enseignements, le professeur explique les parties de notre législation qui ont un rapport direct avec le notariat, et qui forment en quelque sorte un code spécial à cette profession ; en un mot, il commente des textes.

Ces textes, il les met ensuite en action dans un second enseignement où, à propos de telle ou telle espèce, il se demande quelle loi il faut appliquer. Les décisions de la jurisprudence disent si la réponse est exacte.

Enfin le professeur complète le savoir de ses élèves en leur faisant rédiger les actes courants qui viennent sanctionner la situation de droit et de fait étudiée dans les deux autres cours ; il leur apprend à éviter la mention malencontreuse ou l'abstention regrettable qui viendrait vicier l'acte par eux rédigé.

Les matières qui doivent être enseignées au notaire sont vastes ; il doit connaître à fond le *Code civil* et le *Code de commerce*, n'être pas ignorant des choses de la *procédure*, posséder les moindres secrets des *lois fiscales*, du *timbre*, de l'*enregistrement* et des *hypothèques*.

J'attire surtout l'attention des étudiants en notariat sur l'étude des droits fiscaux ; le notaire, à même de donner des renseignements précis sur les perceptions dont le fisc frappe les divers actes qu'il peut être appelé à rédiger, évitera à ses clients de verser à l'État plus qu'il ne lui est dû. Notre législation, soumise aux fluctuations de la politique, comprend en cette matière une multitude de lois particulières qui se détruisent et se modifient entre elles ; le notaire doit les connaître pour guider sûrement ceux qui font appel à son expérience et à son savoir.

Il est aussi d'autres connaissances dans lesquelles il doit être particulièrement expert.

Dans les grandes villes, sans cesse appelé à prêter son secours à la constitution d'associations de diverses natures, le notaire doit connaître à fond le *régime des sociétés.*

Catholique, il trouvera dans cette étude, à l'heure présente, un attrait spécial.

C. Formation pratique; le Stage. — Il serait bon que l'apprenti notaire qui veut être vraiment maître en sa profession consacrât deux ou trois ans à un *passage chez l'avoué;* ainsi il verrait de près les contestations et les difficultés que font naître les conventions mal rédigées.

Après ce séjour chez l'avoué, le candidat au notariat commencera son stage professionnel.

A cet égard, la loi du 12 août s'exprime ainsi : « *Le temps de stage doit être de six années non interrompues;* ce temps est réduit à quatre ans si le candidat justifie du diplôme de docteur ou de licencié en droit, ou du certificat d'élève diplômé d'une école de notariat reconnue par les pouvoirs publics. Le stage doit être fait, partiellement au moins, dans une étude de même classe ou de classe supérieure à celle qu'on veut acquérir; on doit avoir été premier clerc un an ou deux ans[1]. »

La durée du stage se constate par des *inscriptions* prises sur un registre *ad hoc* et déposé dans chaque Chambre des notaires. Les inscriptions ne sont pas

[1] Un an pour le stage limité à quatre ans; deux ans pour le stage ordinaire de six ans.

reçues avant l'âge de dix-sept ans, et aucun avancement de grade ne s'obtient sans la production d'un certificat délivré par le notaire chez lequel on travaille, et constatant qu'effectivement on occupe dans son étude la place de quatrième, troisième ou deuxième clerc. Pour l'*inscription au grade de premier clerc*, et innovant en cela, la loi du 12 août dernier exige *au préalable un examen* subi avec succès devant la Chambre dans le ressort de laquelle travaille l'aspirant au notariat.

Cet examen comprendra une épreuve écrite et une épreuve orale. Tant qu'à cet examen le clerc aura pour juges ses anciens, ce qui est le régime de la loi actuelle, il n'y aura rien à dire; certaines immixtions seraient dangereuses; elles pourraient aiguiller le notaire dans la voie du fonctionnarisme. Dès maintenant il est bon de veiller pour qu'on ne modifie pas, dans le sens que nous indiquons, l'état de choses existant.

Chaque inscription sur le registre du stage est soumise à un droit de cinq francs, et l'examen de premier clerc sera précédé d'un versement de vingt francs. Ce ne sont pas là, on le voit, les prix exorbitants des Facultés; mais aussi il n'y a pas de fonctionnaires examinateurs à payer.

En règle avec la Chambre des notaires, le clerc aborde immédiatement la besogne pratique. Ses débuts sont arides; on l'installe d'abord au bureau des *clercs copistes*.

Pour donner un peu d'intérêt à la besogne fastidieuse qui inaugure sa carrière, le jeune clerc cherchera le pourquoi de l'acte qu'il transcrit; à ses études préalables, il demandera la réponse.

Copiste pendant un certain temps, le clerc deviendra ensuite *rédacteur* à son tour, d'abord occasionnellement, puis à cause de son rang dans l'étude.

Dans les grandes villes, chaque notaire a de nombreux clercs : les uns aspirent au notariat, ce sont les *clercs professionnels;* les autres, pour un motif ou pour un autre, n'ont point cette ambition, ce sont les *clercs de carrière.* A Paris, il est des maîtres clercs de cette catégorie gagnant jusqu'à vingt-cinq mille francs.

Dans quelques grandes études, les clercs de carrière ont la place prépondérante ; les clercs professionnels leur sont simplement des auxiliaires. Là aussi, la besogne est spécialisée.

On rencontre le *clerc liquidateur,* le *clerc chargé des constitutions de sociétés,* le *caissier,* les *expéditionnaires.*

Dans ces études, l'apprenti notaire, à moins de circonstances spéciales, mettra longtemps à acquérir une sérieuse formation professionnelle.

Les études d'importance moyenne, et il en est de même à Paris, sont celles où un clerc est le plus vite initié aux actes de la vie notariale.

Dans les études de minime importance, le notaire fait toute la besogne lui-même, et le clerc n'est qu'un copiste ; toutefois il peut se faire que, pour hâter son stage, un clerc d'une étude importante devienne premier clerc d'un notaire peu occupé.

Bien que, pour beaucoup, la durée du stage puisse être de quatre ans seulement, il est bon de ne pas s'en tenir à la lettre de la loi et de prolonger le temps de la formation.

La maturité d'esprit que doit posséder un bon notaire fait souhaiter que tout aspirant à cette profession n'achète point d'étude avant la trentaine [1], et qu'il consacre sept ou huit ans de sa vie à apprendre ce qu'ensuite il devra appliquer.

Le long passage dans une étude ne conduit pas tous les clercs de notaire à acheter une charge de cette profession; il y a près de cinquante mille clercs de notaire en France, et il n'y a pas dix mille charges notariales.

Pour beaucoup, la cléricature est simplement une *préparation excellente à d'autres carrières*. Les relations contractées à l'étude facilitent l'établissement.

Le clerc de notaire ayant peu de fortune cherchera une *gérance de grande société financière*, achètera un *greffe de justice de paix*, deviendra *liquidateur judiciaire* ou *receveur de rentes*.

Les *agents de change*, les *courtiers*, les *chefs de contentieux dans les grandes administrations*, ont généralement aussi fait un stage chez le notaire.

Cette initiation aux affaires doit généralement être conseillée au jeune homme qui, indécis sur le choix d'un état, se sent cependant attiré vers ces *grandes administrations privées* qui remplacent pour plusieurs, à l'heure actuelle, le fonctionnarisme d'État.

D'un mot, si le stage dont nous venons de parler mène d'abord au notariat, il prépare aussi à toutes les carrières où l'on est appelé à résoudre les difficultés si fréquentes que font naître les questions d'état et de capacité des personnes, de propriété et d'hypothèques.

[1] L'âge légal pour se porter acquéreur d'une étude est vingt-cinq ans.

II. — Exercice de la profession notariale

A. Acquisition d'une charge. — Le stage a pris fin ; l'heure est venue d'acheter une étude.

Au préalable, la loi nouvelle exige que l'aspirant notaire subisse un *examen* constatant sa science professionnelle.

Cet examen, que réglemente, en ses grandes lignes, la loi du 12 août, et qui sera de rigueur à partir de pareille date de 1904, comprendra deux épreuves.

La rédaction de formules d'actes fera la matière de l'épreuve écrite. L'épreuve orale portera sur l'ensemble des connaissances juridiques nécessaires à l'exercice du notariat.

C'est au chef-lieu du département où le candidat est inscrit au stage que se passera l'examen ; le président ou le syndic de la Chambre des notaires de cette ville remplira les fonctions de doyen du jury. Il aura pour assesseurs des collègues délégués à cet effet par les diverses Chambres notariales du département, et un agent supérieur de l'enregistrement désigné par son administration.

Dans l'avenir, le clerc désireux d'acquérir une charge devra donc subir deux examens : l'un, lors de son inscription comme premier clerc ; l'autre, au moment de traiter d'un office [1].

Cet office, il faut maintenant le trouver.

Dans cette recherche, il est nécessaire d'apporter beaucoup de circonspection. Traiter d'une étude où

[1] Le droit qui sera prélevé, lors de ce second examen, est fixé à quarante francs.

l'on a travaillé, dont on connaît le chiffre d'affaires et la clientèle, est chose excellente. Il est sage aussi d'acheter une charge dont le prix n'excède pas les ressources pécuniaires dont on peut disposer.

Présenté par son prédécesseur, le futur notaire se verra constituer un dossier par les soins du Parquet[1]; ensuite un décret du Président de la République le déclarera investi de sa nouvelle fonction.

Comme garantie de la bonne gérance de sa charge, le nouveau notaire doit verser un *cautionnement,* que le gouvernement détermine lors de chaque nomination. Le tarif actuellement en vigueur est fixé par l'article 88 de la loi du 28 avril 1816.

Ce cautionnement est de dix-huit cents à cinq mille deux cents francs pour les notaires de troisième classe; de trois mille à douze mille francs pour ceux de seconde classe, de quatre mille à vingt-cinq mille francs pour ceux de première classe, et de cinquante mille francs pour les notaires de Paris.

Le notaire nouvellement nommé ne peut prêter *serment* avant d'avoir déposé, entre les mains du procureur de la République, le récépissé constatant le versement de son cautionnement à la recette des Finances.

Que coûtera une étude?

Il est impossible de le déterminer d'une façon précise; le *prix des offices* est ordinairement de six à sept fois le revenu de l'étude: cependant la Chancellerie n'approuve pas les cessions dont le prix dépasse

---

[1] Voir l'art. 91 de la loi du 28 avril 1816; cet article énumère les différentes pièces que doit fournir tout candidat à une charge de notaire.

cinq fois et demi le produit brut annuel. Le notaire cédant sait toujours obvier à cette difficulté !

Les études les plus pauvres se vendent une trentaine de mille francs ; leur titulaire, s'il n'a pas un revenu personnel, est condamné à la misère.

Sont de cette catégorie maintes études de montagne, Alpes ou Pyrénées, dont le rapport est si minime que certaines d'entre elles ne peuvent plus trouver d'acquéreurs. Je citerai dans ce cas, et comme simple curiosité, les cantons d'Orcières et de Moutiers, dans les Hautes-Alpes, et de Saint-Pé dans les Hautes-Pyrénées, dont les charges demeurent vacantes. On m'a cité le cas d'un notaire de ces régions qui, pour augmenter son petit revenu, servait durant l'été de guide aux voyageurs. Mis en demeure de choisir entre ses deux professions, il préféra, comme plus rémunératrice, celle de cicerone !

Les petites charges d'une soixantaine de mille francs sont nombreuses ; la loi nouvelle, en étendant la compétence d'un certain nombre d'entre elles, va leur donner une nécessaire expansion.

Quatre-vingts à cent vingt mille francs est le prix des charges de chef-lieu de canton des régions du Nord et du Nord-Ouest ; dans ces mêmes contrées agricoles et industrielles, les études de chef-lieu d'arrondissement valent de cent cinquante mille à deux cent mille francs.

Dans les villes de plus de cent mille âmes, les charges atteignent le prix de trois cent mille à quatre cent mille francs, et à Paris il est des études qui valent sept cent mille francs et plus.

Le *rapport* des charges, cela va de soi, varie avec

le prix des études; d'autres causes encore ont une influence sur ce rapport : les crises agricoles et industrielles, par exemple, que subit une région.

La confiance qu'inspire le notaire, son activité personnelle, sont aussi des facteurs de produit.

Sur le revenu brut, il faut défalquer les *dépenses* de l'étude : le loyer, la patente, les traitements des clercs, les frais de bureau. Ces dépenses représentent d'ordinaire le huitième, quelquefois le sixième du produit annuel.

B. Compétence. — Il y a trois catégories de notaires.

Appartiennent à la première catégorie, ceux qui résident dans un chef-lieu de Cour d'appel, celle-ci, d'ailleurs, eût-elle son siège dans un simple chef-lieu d'arrondissement [1].

Appartiennent à la seconde catégorie, les notaires fixés dans une ville où il y a un tribunal de première instance, ce tribunal fût-il même établi ailleurs qu'au chef-lieu d'arrondissement [2].

Appartiennent enfin à la troisième catégorie, les notaires établis dans les autres centres que ceux plus haut énumérés.

La classe à laquelle appartient le notaire détermine sa compétence.

Le notaire de *première classe* a le droit d'instrumenter dans tout le ressort d'une Cour d'appel; le notaire de *seconde classe,* dans le ressort d'un tribunal de pre-

---

[1] Aix, Douai, Riom.

[2] Arbois (Jura), Bourgoin (Isère), Chambon (Creuse), Charleville (Ardennes), Cusset (Allier), Lourdes (Hautes-Pyrénées), Saint-Mihiel (Meuse), Saint-Palais (Basses-Pyrénées), Tarascon (Bouches-du-Rhône).

mière instance ; le notaire de *troisième classe*, dans le ressort d'une justice de paix.

Ainsi, du moins, étaient délimitées les circonscriptions territoriales des notaires avant la loi du 12 août.

A cet état de choses, il y avait quelques modifications à faire, la loi nouvelle les a faites.

D'abord, elle a décidé que dorénavant les notaires auraient le droit d'exercer dans toute l'étendue de la ville où ils seraient établis, quel que soit le nombre des cantons fractionnant cette ville.

Par cette réforme, la loi du 12 août 1902 a remédié à une situation défectueuse qui existait dans certains grands centres ouvriers.

Ces centres, de création toute moderne, n'ayant ni Cour d'appel ni tribunal de première instance, les notaires y étaient et y sont encore de troisième classe. Par ailleurs, le nombre considérable des habitants avait fait diviser ces villes en plusieurs cantons. Le résultat était que le notaire, en vertu de sa compétence cantonale, se voyait empêché d'instrumenter dans toute une partie de la localité qu'il habitait. On a mis fin à cette situation ; mais ce n'est pas là la réforme la plus importante de la loi du 12 août. Cette loi pose le principe « que dorénavant la présence de deux notaires dans chaque canton n'est plus nécessaire, qu'un seul suffit ».

De là plusieurs conséquences au point de vue que nous étudions en ce moment.

Chaque fois qu'un canton ne possédera qu'un office, les notaires des cantons limitrophes auront le droit d'instrumenter dans ce canton, du moins dans une certaine mesure.

Réciproquement, et par compensation, le notaire

unique aura le droit d'exercer sur le territoire des confrères qui instrumentent dans son ressort personnel.

Il faut se féliciter de cette réforme.

La clientèle des offices supprimés ira à des charges qui précédemment ne pouvaient point faire vivre leurs titulaires. Le bonheur de ceux-ci ne fera pas de malheureux.

En effet, les droits des notaires, dont les offices sont destinés à disparaître, ne seront pas lésés; l'État ne peut pas les exproprier; son seul droit, c'est de refuser les successeurs qu'ils se présenteront.

Ce refus lui-même ne leur sera pas préjudiciable; le notaire cédant, au lieu d'avoir un successeur, en aura plusieurs : ce seront les différents confrères qui profiteront de la suppression de son office. Ceux-ci lu devront une indemnité; si elle n'est pas fixée d'un commun accord, le garde des sceaux prononcera entre les intéressés, après avoir pris l'avis de la Chambre des notaires et du tribunal du ressort, desquels dépend l'office supprimé.

Telle est la compétence territoriale des notaires ; maintenant demandons-nous quels sont les *actes* pour lesquels on a le plus souvent recours à leur ministère. Ces actes sont de deux espèces : les uns ne peuvent être rédigés que par eux; les autres le peuvent être également, mais concurremment avec d'autres personnes.

Les premiers sont des contrats solennels, pour lesquels la loi exige la forme authentique : tels sont les donations entre vifs, les contrats de mariage, les constitutions et les mainlevées d'hypothèques, les actes respectueux.

Les seconds sont des actes qui relèvent également de la compétence d'autres officiers ministériels [1], ou que peuvent faire de simples particuliers; je citerai les baux, les partages, les procurations, les ventes. Pour ces actes cependant on a souvent recours au notaire, alors surtout qu'ils présentent une certaine difficulté de rédaction.

Les ventes, notamment, sont une des sources de revenu les plus importantes des notaires de campagne. Elles réclament d'eux qu'ils soient bons estimateurs de meubles et d'immeubles; elles satisfont par ailleurs au besoin de vie active qu'on rencontre chez plus d'un officier ministériel, pour qui la vie de bureau est loin d'être un idéal.

La loi du 12 août, qui a modifié, ainsi que nous l'avons vu, la compétence territoriale des notaires, a simplifié aussi le mode de rédaction de leurs actes.

Sous le régime de la loi de l'an XI, la règle générale était que tout acte devait être reçu par deux notaires, le second pouvant être remplacé par deux témoins.

C'était une formalité ennuyeuse, et qui pouvait amener la divulgation d'actes qu'on ne désirait pas porter à la connaissance du public.

Le principe actuel est absolument contraire : tous les actes peuvent être reçus par un seul notaire sans

---

[1] Le mot *officier ministériel,* employé en parlant des notaires, n'est pas rigoureusement exact. Controverses intéressantes à ce sujet. Jurisprudence établie relativement au délit de diffamation commis contre ces personnes : « Les notaires ne sont pas des officiers publics, et par conséquent leurs diffamateurs sont justiciables des tribunaux de première instance. » (Arrêt de la Cour de cassation.)

l'assistance d'aucun témoin, sauf un certain nombre d'exceptions formellement édictées par la loi [1].

Les exceptions qui subsistent sont motivées par un intérêt général en cause, et elles défendent le notaire contre de dangereuses sollicitations, par exemple en matière de testament.

De tout ce que nous avons dit, on tire facilement cette conséquence, que le notaire est à chaque instant appelé à résoudre des difficultés, à se prononcer sur des points de droit; il faut donc qu'en dehors des livres courants de jurisprudence, il ait toujours à sa portée quelques *ouvrages* qui lui seront de précieux conseillers; j'ai nommé : une encyclopédie du notariat, un dictionnaire des droits d'enregistrement, un traité des liquidations, un traité des sociétés.

Les livres doivent être complétés par des revues; la revue, c'est l'actualité, la question du jour; en notre matière, le principe appliqué à un fait déterminé. Elle est donc très utile.

Plusieurs sont particulièrement estimables : le *Journal des Notaires*, la *Revue de l'Enregistrement et du Notariat*, le *Bulletin des notaires de département;* d'autres encore. Un abonnement au *Dalloz* ou au *Sirey* complétera les périodiques auxquels un bon notaire donnera les quelques heures inoccupées de sa vie très remplie.

C. VIE PROFESSIONNELLE. — La profession de notaire, à raison des services nombreux qu'on demande à ceux qui l'exercent, n'est pas sans risques ni sans *dangers*.

[1] Voir l'énumération de ces exceptions à l'art. 9 de la loi du 12 août 1902.

Il est bon de les prévoir, c'est le plus facile moyen de les éviter. La cause la plus fréquente de la ruine des notaires provient du grand désir qu'ils ont de rendre des services.

Un client leur demande de recevoir en dépôt les petites économies qu'il a amassées, de les faire valoir; moitié par bonté naturelle, moitié par crainte d'encourir du discrédit par un refus, le notaire accepte.

Une crise agricole survient; un bouleversement économique se produit, le notaire perd une partie du capital à lui confié, son capital personnel passe en restitutions. Foncièrement honnête, il se retire ruiné. Moins délicat, il demande à la fortune changeante un retour de faveur qui ne vient pas; il engage les nouveaux capitaux qui lui sont confiés; il aboutit à un désastre.

Son point de départ cependant aura souvent été honnête. Un agriculteur avait besoin de crédit, des capitaux lui étaient nécessaires pour mettre en pleine valeur son exploitation; il les a demandés au notaire, son confident naturel; il a été malheureux, c'est le notaire qui en subira les conséquences, et parfois l'ensemble de sa clientèle.

On peut dire, à l'honneur des notaires, que ce sont eux en quelque sorte qui ont créé le crédit agricole; souvent aussi ils en ont été les victimes.

La loi du 21 mars 1884, sur les Syndicats professionnels; la loi du 5 novembre 1894, relative à la création de sociétés de crédit agricole, complétées par quelques lois subséquentes [1], faciliteront à l'agriculteur, dans

---

[1] Loi du 31 mars 1899, ayant pour but l'institution des caisses régionales de crédit agricole mutuel et les encouragements à leur donner. Loi du 18 juillet 1898 sur les warants agricoles.

l'avenir, les moyens de se procurer les ressources dont il a parfois besoin.

Par là même, le notaire se trouvera déchargé d'un fardeau pesant. Il dressera plus d'actes de sociétés; il prêtera moins.

Un danger plus grave encore pour le notaire, c'est qu'il se laisse aller à la spéculation, aux jeux de Bourse; sa ruine est assurée, et celle de ses clients avec la sienne.

Les agents d'affaires qui se sont glissés dans le notariat se livrent seuls à ces opérations, et heureusement ils sont rares.

En dehors des risques qui naissent pour le notaire de l'extension de sa profession, il en est d'autres auxquels il ne peut pas échapper; ce sont les risques purement professionnels; ceux qui naissent soit d'une rédaction défectueuse, soit d'une omission.

Depuis quelques années, il existe des sociétés d'assurance contre les risques de la responsabilité professionnelle; il sera sage de s'y assurer. On parle même de rendre cette assurance obligatoire.

Les notaires sont défendus contre eux-mêmes par leur *Chambre de discipline*.

L'organisation et les attributions de ces Chambres sont réglées par la loi [1]. Elles ont mission de défendre les intérêts de la corporation, d'en assurer les traditions, d'en maintenir la respectabilité, et dorénavant aussi d'en préparer le recrutement.

---

[1] Ordonnance du 4 janvier 1813 relative à l'organisation des chambres notariales et à la discipline du notariat. Décret du 30 janvier 1890, complétant l'ordonnance du 4 janvier 1813, relative au notariat. Loi du 12 août 1902.

Il y a une Chambre de discipline par arrondissement. Les notaires de chacune de ces circonscriptions territoriales choisissent parmi eux les membres de leur Chambre, et à leur tour ceux-ci élisent un président, un syndic, un rapporteur, un secrétaire, un trésorier.

Le syndic remplit, en quelque sorte, des fonctions de ministère public; il est partie poursuivante contre les notaires incriminés.

Les réprimandes qui peuvent être infligées à ceux-ci sont : le rappel à l'ordre, la censure, la suspension, la destitution. Il y a des formalités différentes de procédure pour ces diverses peines disciplinaires.

Les cas de destitution sont assez nombreux; j'en citerai quelques-uns : refus de prêter son concours à un acte pour lequel on est requis; omission des formalités relatives à la publicité des contrats de mariage des commerçants, etc...

Le notaire destitué n'a pas le droit de se présenter un successeur; par ce fait même, il perd le prix d'achat de son étude.

Rares heureusement sont, dans la pratique, les notaires frappés de destitution; et beaucoup plus nombreux sont ceux qui couronnent leur carrière par l'*honorariat*. C'est le chef de l'État, sur la proposition des Chambres de discipline et le rapport du garde des sceaux, qui confère cet honneur. Pour y avoir droit, il faut avoir exercé les fonctions notariales pendant vingt années consécutives. De plus, il faut n'avoir encouru aucune condamnation judiciaire, encore moins aucune suspension, si courte qu'elle ait pu être.

L'honorariat continue la vie professionnelle; le notaire honoraire a le droit d'assister aux Assemblées générales de sa corporation, il y a voix consultative; il demeure aussi justiciable de la Chambre dont il relève, et peut être frappé de peines disciplinaires. L'honorariat lui interdit également toutes les fonctions ou professions incompatibles avec la situation notariale; d'un mot, l'honorariat est pour le passé et le présent un certificat d'honorabilité. Malgré toutes les attaques dont il est l'objet, le notariat, nous espérons l'avoir démontré, est encore à l'heure actuelle l'une des professions les plus honorables et les plus entourées de respect.

Veut-on une preuve de cette assertion? Une condamnation est-elle prononcée contre un notaire, aussitôt il s'élève un cri général d'indignation. Ce fait à lui seul indique le degré de perfection qu'on exige de ces officiers ministériels. La moindre faiblesse de l'un d'entre eux est traitée de déshonneur, d'infamie; est-il plus bel éloge rendu indirectement à l'honorabilité de la corporation tout entière?

Qu'il y ait cependant un certain fléchissement dans le corps notarial, cela est certain; depuis trente ans, on ne sape pas en vain la base de toute morale; l'honnête homme qui ne croit pas en Dieu, sera toujours un peu moins soucieux de l'intérêt des autres que celui qui y croyait!

CHAPITRE IV

———

I. — AVOUÉS

L'avoué, c'est le procureur de l'ancien régime, personnage peu sympathique alors ; depuis, il s'est transformé, et la considération lui est venue ; cependant l'habitude de la procédure, de la chicane, peut fausser l'esprit, égarer la conscience, cela se voit parfois encore ; heureusement c'est une exception.

Il y a des *avoués de première instance* et des *avoués d'appel*. Les premiers, cela va de soi, sont beaucoup plus nombreux que les seconds, puisque nous avons en France un tribunal par arrondissement et seulement vingt-six Cours d'appel.

Le titre d'avoué à la Cour est plus sonore que celui d'avoué près le Tribunal ; il est moins productif. Après un premier jugement, beaucoup de parties, en effet, se déclarent... satisfaites ; l'appel, c'est de nouveaux frais, et la procédure, c'est un luxe de grands seigneurs, c'est-à-dire, à notre époque, de sociétés anonymes et financières.

Qui désire gagner de gros honoraires, songera donc à être avoué de première instance.

Pour cela, il faut remplir certaines conditions. D'abord on exige le certificat de capacité en droit [1], c'est un minimum. Un jeune homme qui aurait manqué ses études classiques et échoué au baccalauréat, mais qui, par ailleurs, ne serait pas dépourvu d'intelligence et voudrait sérieusement se mettre au travail, pourrait être avoué ; la pratique de cette profession pendant dix années lui conférera, pour entrer dans la magistrature, les mêmes titres que la licence en droit.

La « graduation » doit être accompagnée d'un stage de cinq ans (celui-ci est réduit à trois ans pour les licenciés et docteurs); enfin il faut avoir vingt-cinq ans d'âge.

Quiconque satisfait à ces conditions peut être avoué ; il faut encore toutefois qu'il dispose de capitaux assez considérables.

Acheter une étude à Paris, il n'y faut pas songer ; les charges s'y transmettent souvent de père en fils ; de plus, il en est qui valent de cinq cent mille à six cent mille francs.

Cependant il est des hommes riches déjà, mais désireux de l'être plus encore, qui convoitent ces offices. Pour augmenter leur luxe, ils s'astreignent à la servitude d'une vie professionnelle absorbante. Ce sont des existences qu'on envie, et cependant ce serait plutôt des hommes qu'on devrait plaindre.

---

[1] Sur le certificat de capacité en droit ou graduation, voir *supra*, p. 101.

Plus calme ou plutôt moins fiévreuse, parce que surtout professionnelle, est la vie d'avoué de province. Là, le prix des études varie entre trente mille et cent mille francs ; trente mille francs dans les chefs-lieux d'arrondissement de minime importance.

Dans ces petits centres, où souvent il n'y a pas de barreau, l'avoué cumule sa fonction avec celle d'avocat.

Quelles sont donc les fonctions de l'avoué ?

Pour employer les termes techniques et les expressions du Palais, nous dirons que cet officier ministériel *postule*, c'est-à-dire fait toutes les écritures que motive l'instruction d'une affaire ; *conclut*, autrement dit présente au tribunal l'exposé des prétentions de la partie qu'il représente ; enfin, *assiste* son client en maintes circonstances, en certifiant, par exemple, son identité, en acceptant, avec bénéfice d'inventaire ou en répudiant en son nom, une succession ouverte, en se portant acquéreur pour lui dans une vente judiciaire.

Un tarif règle les honoraires de l'avoué, et s'il avait tendance à s'en écarter, le client qui a eu recours à son ministère pourrait demander au tribunal près duquel il est assermenté de le taxer. Ceci, c'est un peu de la théorie, et d'ailleurs l'avoué a la ressource de multiplier les actes, tout à fait légaux et inutiles aussi, que le tribunal ne peut faire autrement que d'approuver.

L'avoué augmente encore ses revenus par ce qu'il appelle « honoraires pour soins particuliers ». Surtout, quand on a gagné son procès, comment se refuser à ce don gratuit qui a presque la forme d'une contrainte ?

Aussi la profession d'avoué ne peut être conseillée à tout le monde ; pour l'embrasser, il faut être foncièrement honnête et avoir le jugement droit, être capable parfois de renoncer aux bénéfices d'une procédure quand on se dit qu'elle est inutile, préjudiciable peut-être à son client.

D'un autre côté, c'est une profession relativement libre, ce serait donc une faute de la rejeter de parti pris ; de plus, on a dit qu'à notre époque les combats pour la vérité, — et c'est là un signe de décadence, — prendraient souvent la forme d'une discussion sur un texte de loi, et se résoudraient par une habileté procédurière. Il faut donc qu'il y ait des avoués chrétiens, pour mettre leur talent au service des bonnes causes.

Notre code de procédure demande une réforme ; ce ne sont pas des législateurs byzantins qui l'opéreront. Pour le moment, il faut donc des mauvaises lois tirer le meilleur parti possible ; les avoués peuvent y aider les honnêtes gens.

II. — Greffiers

La situation du greffier tient à la fois de celle du fonctionnaire et de l'officier ministériel ; c'est surtout ce dernier caractère cependant qui est le sien propre.

Comme fonctionnaire, le greffier reçoit un traitement fixe de l'État ; comme officier ministériel, il achète sa charge, la transmet, est rémunéré pour certains actes.

Chaque cour ou tribunal a un greffier, assisté d'un ou plusieurs commis-greffiers.

Cet officier ministériel est chargé de la rédaction et

de la garde des minutes judiciaires ; c'est lui qui en délivre les grosses et les expéditions ; il assiste les juges à l'audience et ainsi fait partie du tribunal ; enfin, concurremment avec les notaires, huissiers et commissaires-priseurs, il a le droit de procéder aux ventes mobilières.

Pour être greffier près d'une cour, il faut être âgé de vingt-sept ans et être licencié en droit ; près des simples tribunaux, il suffit d'avoir vingt-cinq ans et on n'exige aucun grade.

Le traitement du greffier en chef de la Cour de cassation est de trente mille francs ; il doit, il est vrai, subvenir aux frais du greffe, payer ses auxiliaires. A la Cour d'appel de Paris, le greffier en chef reçoit huit mille francs, et les greffiers de Chambre cinq mille francs ; dans les autres Cours, le traitement de cet officier ministériel est de quatre mille deux cents, et celui de ses auxiliaires de trois mille cinq cents. Dans les tribunaux de première instance, les greffiers ont une annuité variant entre six mille et douze cents francs ; enfin, dans les justices de paix, ils touchent huit cent cinquante francs.

Malgré la modicité de leur traitement, ce ne sont pas parfois ces derniers dont la rétribution est la moindre, car eux surtout font une grande place dans leur vie aux occupations extra-judiciaires.

Un greffier de justice de paix, actif, complaisant, débrouillard, — pour employer le mot qui dit la chose, — fera parfois presque toutes les ventes mobilières de son canton ; c'est lui qui procédera aux enchères de coupes de bois, qui vendra les meubles après décès ; il sera l'agent d'une grande Compagnie d'assurances, et, n'ayant pas mille francs de traitement, il se fera quelquefois de dix mille à quinze mille francs de revenu.

Son prédécesseur au contraire, moins actif, inspirant moins de confiance, vivait ou plutôt mourait de son seul traitement.

Là plus qu'ailleurs, il est vrai de dire : C'est l'homme qui fait la situation.

Le prix des greffes de justice de paix est très variable ; un exemple : douze mille à vingt mille francs dans un chef-lieu de canton industriel de huit mille âmes ; il y a des greffes moins chers, il en est de plus onéreux. Une trentaine de mille francs est le prix de beaucoup de greffes de tribunaux de première instance.

Situation modeste, honorable, que celle de greffier ; autrefois elle participait de la considération accordée à la magistrature ; le greffier, homme de robe, était en quelque sorte assimilé au juge près duquel il siégeait. Les greffiers continuent à présenter leurs successeurs, et tant qu'il en sera ainsi, là, comme au barreau, se réfugieront des hommes qui, en d'autres temps, auraient peut-être été magistrats.

Pour quiconque a un capital peu considérable, des goûts simples, et ne veut pas risquer son petit avoir, la situation de greffier peut être l'emploi qui convient.

III. — COMMISSAIRES-PRISEURS

Voici une profession qui a un nombre restreint de titulaires ; beaucoup de villes qui pourraient en avoir n'en ont pas, parce qu'il semble que là cet emploi aurait du mal à faire vivre son homme.

La fonction de cet officier ministériel consiste à procéder, dans la ville où il est établi, aux ventes publiques de meubles corporels. Là il possède ce privilège exclusif; dans le reste de l'arrondissement, il partage ce droit avec les notaires, greffiers et huissiers ; de plus, il est chargé de faire les « prisées » de meubles dans les inventaires, c'est-à-dire de déterminer, en vue d'un partage subséquent, la valeur du mobilier laissé par le défunt.

Dans la profession de commissaire-priseur, il y a quelque chose qui d'abord pourrait écarter ; celui qui a assisté à une vente mobilière, qui a entendu les plaisanteries faciles qui l'accompagnent, qui s'est parfois indigné en constatant le peu de respect avec lequel on jette à l'encan tous les souvenirs d'un disparu, celui-là a pu sentir naître en lui une certaine aversion pour l'homme qui procède à ces opérations.

Disons tout de suite que le commissaire-priseur n'est pas cet homme ; si coupable il y a, c'est le crieur qui, pour égayer la monotonie d'une opération dénuée d'intérêt, veut faire preuve d'un esprit qui généralement lui fait défaut. Souvent même le commissaire-priseur, qui assiste à l'opération, modère les saillies de son auxiliaire.

A Paris, il y a quatre-vingts commissaires-priseurs ; l'Hôtel des ventes est leur royaume. Dans tout chef-lieu d'arrondissement et dans toute ville de plus de cinq mille habitants, il peut être créé un office de ce genre.

Le gain des commissaires-priseurs, même à Paris, est extrêmement variable ; heureusement une institution, qui leur est un peu spéciale, « la bourse commune », les préserve d'une mauvaise chance trop complète.

Dans cette bourse, chacun de ces officiers ministériels doit verser les deux cinquièmes des émoluments par lui perçus ; tous les deux mois, le capital ainsi formé est réparti entre tous les commissaires-priseurs établis dans la ville.

La plupart des commissaires-priseurs sont d'anciens clercs de notaire, qui n'ont pas persévéré dans cette voie, soit manque de capitaux, soit par peur d'une vie absorbante et pleine de responsabilités.

DEUXIÈME SECTION

La Médecine.

LES ÉTUDES MÉDICALES
MÉDECIN MILITAIRE — MÉDECIN DES COLONIES

CHAPITRE PREMIER

LE DOCTORAT EN MÉDECINE

GRADES REQUIS

I. Baccalauréat de l'enseignement classique.

II. Certificat d'études physiques, chimiques et naturelles.

INSCRIPTIONS	EXAMENS	TRAVAUX PRATIQUES	STAGE HOSPITALIER
Ire Année			
1re : nov.		Hiver } Dissection.	
2e : janv.		Été { Histologie.	
3e : avril		Ch. biologique.	
4e : juillet		Physique. Physiologie.	
IIe Année			
5e : nov.	Ier Examen (entre 6e et 8e Ins.).		
6e : janv.	A) Épreuve pratique : Dissection.	Hiver } Dissection. Physique.	Hiver } Services généraux de méd. et de chirurgie.
7e : avril	B) Épreuve orale : Anatomie.	Et. { Histologie. Physiologie.	et été
8e : juillet	Nota : Ep. prat. demeure acquise.		

INSCRIPTIONS	EXAMENS	TRAVAUX PRATIQUES	STAGE HOSPITALIER
IIIe Année 9e : nov. 10e : janv. 11e : avril 12e : juillet	IIe Examen (entre 8e et 10e Ins.) Épreuve orale sur : Histologie, Physiologie, Physique biologique, Chimie biol.	Été { Parasitologie. Anat. biolog. Hiver { Méd. opérat. Ch. patholog.	Hiver et été { Services généraux de méd. et de chirurgie.
IVe Année 13e : nov. 14e : janv. 15e : avril 16e : juillet	IIIe Examen (entre 13e et 16e Ins.). A) Première partie. a) Épreuve pratique : 1. Méd. opératoire. 2. Anat. topograph. b) Épreuve orale : 1. Méd. opératoire. 2. Pathol. externe. 3. Accouchement. B) Deuxième partie. a) Épreuve pratique. 1. Anat. pathol. b) Épreuve orale : 1. Pathol. générale. 2. Parasites animaux, végétaux, microbes. 3. Pathol. interne.	Pas de travaux pratiques obligatoires. Facultativement : Chimie clinique, Chimie et Pharmaceutique, Bactériologie, etc.	Hiver et été { Spécialité (Maladies mentales, de la peau, des enfants, des yeux), ou Accouchements.
Ve Année (généralement un semestre.)	IVe Examen. Épreuve orale sur : Thérapeutique, Hygiène, Médecine légale ; Pharmacologie avec app. des sciences physiques et natur. Ve Examen. A) Première partie. a) Clinique externe. b) Clinique obstétricale. B) Deuxième partie. Clinique interne.		

THÈSE

FRAIS D'ÉTUDES

Quatre inscriptions par année à
47 fr. 50. (30 fr. inscription ; 15 fr.
travaux pratiques ; 2 fr. 50 bibliothèque) = 190 francs. Soit pour
quatre années de scolarité . . . . .   760 francs.
Sept examens (le 3e et le 5e sont
doubles) à 55 fr. . . . .   385 —
Thèse . . . .   240 —

                    Total. . . .   1.385 francs.

Entretien de l'étudiant pendant ses
études (une année de P. C. N. et
cinq de médecine), l'an 2000 francs. 12.000 francs.

          Dépense minimum : 14.000 à 15.000 francs.

I. Considérations générales. — « Un homme instruit et adroit dans son art, honnête dans toutes les
actions de la vie, » tel est le portrait du bon médecin,
d'après Hippocrate.

La définition reste vraie.

Le « docteur » de nos rêves est un homme de savoir
doublé d'un honnête homme ; nous voulons qu'il soit
digne de notre confiance et qu'il mérite notre estime ;
volontiers nous en faisons notre confident et parfois
notre ami ; il faut que nous puissions croire en lui, car
dans notre existence il tient une grande place, trop
grande parfois !

Un médecin foncièrement religieux, pour qui le
dévouement ne soit pas un simple facteur de succès,
mais un devoir de conscience, voilà l'idéal ! De tous

côtés on réclame cet homme trop rare ; aussi écrivons-nous cet article pour faire naître, parmi nos camarades des collèges libres, quelques *vocations* médicales.

Nous appuyons sur ce mot, car il ne faut pas se faire médecin comme on se fait commerçant, uniquement en vue d'acquérir la fortune ; ce serait non seulement diminuer la profession, mais encore se préparer des mécomptes.

Pour s'astreindre durant de nombreuses années à des études pénibles et souvent repoussantes, pour consacrer sa vie au soulagement des misères les plus variées, il est bon d'avoir autre chose au cœur que l'amour du gain.

Un jeune catholique trouvera dans sa foi religieuse le courage de se dépenser pour les autres ; facilement il sera un médecin consciencieux, voyons comment il acquerra le savoir professionnel qui fera de lui un habile praticien.

II. Le P. C. N. — Une fois bachelier et avant d'aborder les études médicales, le jeune homme qui s'y destine doit consacrer *une année* à acquérir un certain nombre de connaissances dans l'ordre des *sciences physiques, chimiques et naturelles*. Un examen *assez difficile* vient constater si le savoir de l'étudiant, en ces matières, est suffisant. Dans le langage de l'école, cet examen s'appelle le P. C. N.

A Paris et dans les villes universitaires, cet examen se passe à la Faculté des sciences ; là aussi, on suit les cours en vue de cette épreuve. Dans les villes où il n'y a pas de Facultés, un enseignement préparatoire au P. C. N. est annexé à l'École de médecine.

III. L'ENSEIGNEMENT MÉDICAL. — L'enseignement médical se donne dans trois espèces d'établissements :

1° Dans les *écoles préparatoires;*

2° Dans les *écoles de plein exercice ;*

3° Dans les *Facultés.*

Dans une école préparatoire, l'étudiant ne peut faire que ses *trois premières années* d'études; dans une école de plein exercice, il peut en faire *quatre;* toujours il devra fréquenter une Faculté pour les *derniers examens préparatoires au doctorat* (4e et 5e) et pour la *soutenance de thèse.*

Il y a des écoles préparatoires de médecine à Amiens, Angers, Arras, Besançon, Caen, Clermont, Dijon, Grenoble, Limoges, Poitiers, Rennes, Rouen et Tours; des écoles de plein exercice à Marseille, Nantes et Alger, et enfin des Facultés à Paris, Nancy, Montpellier, Bordeaux, Lyon et Toulouse.

Ces différents établissements relèvent de l'Université d'État. A côté d'eux, l'initiative catholique a créé une Faculté très honorablement connue, celle de Lille. Ayant à sa tête des maîtres éminents, cette Faculté a, à l'heure actuelle, deux cents élèves recrutés un peu par toute la France; elle groupe une élite; chaque année une trentaine de docteurs sortent de Lille; de tous côtés on les réclame, et on regrette que leur nombre ne soit pas plus considérable.

Au point de vue scientifique, la *Faculté catholique de Lille* ne le cède en rien à ses rivales; dans ses dispensaires, elle donne plus de trente-six mille consultations par an, et ses hôpitaux, très fréquentés, offrent à l'étudiant un vaste champ d'observation. C'est elle assurément que nous conseillerons d'abord; l'étudiant y vivra presque l'existence de la famille dans les internats catholiques ; cependant si, pour une raison particulière, ce choix ne pouvait être suivi, voici ce que nous dirons :

Vise-t-on à la haute science médicale ? L'internat des hôpitaux est-il le rêve entrevu ? Qu'on vienne à Paris et qu'on fréquente les services des médecins les plus réputés.

Désire-t-on être un bon médecin de province, rendre le plus de services possibles et les services les plus variés, s'établir dans une ville de moyenne importance ou dans un gros bourg ? Alors il sera plus sage de faire ses études dans la Faculté la plus voisine de son pays natal.

Quelle que soit la décision prise, qu'on opte pour Paris, Montpellier, Nancy ou une autre Faculté, de toute façon on sera prévoyant en faisant ses *deux premières années* d'études dans l'*école préparatoire* la plus proche de sa résidence. — Cela, je crois, est incontestable pour la formation professionnelle ; par contre, les dangers moraux sont plus nombreux dans les petites villes, où il est plus difficile de s'isoler des mauvais camarades. — Dans les Facultés, et à Paris notamment, il y a trop d'étudiants, et qui n'est pas au moins « externe » ne fait pas un stage sérieux, ne reçoit pas à l'hôpital une formation de la part du maître. L'anatomie, base de la science médicale, s'enseigne en première et en seconde année ; qu'on s'astreigne donc à recevoir cet enseignement là où il est le plus profitablement donné, c'est-à-dire en province.

IV. Les Inscriptions. — La scolarité médicale se

constate par les « inscriptions »; durant ses études, l'étudiant doit en prendre seize.

Il prendra la première entre le 15 octobre et le 15 novembre qui suivra l'obtention du certificat de sciences physiques, chimiques et naturelles; ensuite il renouvellera trimestriellement cette formalité, à condition toutefois qu'il justifie de son assiduité aux travaux pratiques et au stage hospitalier, et qu'il subisse, avec succès, les examens afférents à telle ou telle inscription.

Ceci fait, l'étudiant partagera sa vie entre la *Faculté* et l'*hôpital;* c'est là que nous allons maintenant le suivre. Le tableau placé en tête de cette étude nous dispensera d'entrer dans certains détails trop techniques.

V. La Faculté : 1º cours; 2º travaux pratiques. — L'étudiant va à la Faculté pour suivre les cours et pour assister aux travaux pratiques.

Les *cours*, à Paris surtout, où le professeur se cantonne dans un sujet très restreint, sont peu suivis par les élèves. C'est donc à l'étude personnelle, dans des ouvrages bien faits, que l'étudiant demande la science qu'il mettrait trop longtemps à acquérir s'il se contentait de l'enseignement des maîtres.

L'assiduité, qui n'est pas obligatoire pour les cours, l'est, par contre, pour les *travaux pratiques;* ceux-ci sont de deux natures et ont lieu dans des locaux différents.

Les uns se font dans les *pavillons* de la Faculté; ce sont ceux qui ont rapport à l'anatomie et à la médecine opératoire; les plus pénibles par leur nature même, ils sont d'autre part les plus profitables pour la formation. Les autres se font dans les *laboratoires ;* ils ont un caractère plus scientifique que nettement médical (physique, chimie, histologie). A ces divers travaux pratiques, les élèves assistent par séries ; séries d'une cinquantaine d'ordinaire.

VI. L'Hôpital. — C'est là que le praticien se forme vraiment, et que, par l'observation, l'élève acquiert une capacité professionnelle.

L'hôpital est obligatoire à partir de la deuxième année d'études, et la Faculté, en confiant ses élèves à l'Assistance publique, exige de celle-ci des certificats constatant leur présence et l'assiduité dans ses services de décembre à juin de chaque année.

Étudiants à la Faculté, les élèves en médecine deviennent stagiaires à l'hôpital ; d'abord, ils fréquentent les services généraux de médecine et de chirurgie ; puis les services spéciaux où l'on étudie exclusivement telle maladie déterminée ou tel genre spécial d'opérations.

La matinée est consacrée à cette partie de la formation. L'après-midi, il est bon d'assister aux consultations médicales données dans les hôpitaux.

VII. Examens. — L'étude personnelle, l'hôpital, les travaux pratiques, voilà autant de modes de préparation des examens. Ceux-ci sont de deux sortes : ils prennent la forme d'*épreuves orales,* c'est-à-dire d'interrogations sur la science médicale, et d'*épreuves pratiques,* c'est-à-dire d'applications de cette science : chirurgie ou médecine. De plus, les épreuves sont à *matière unique* ou à *matière multiple.*

Avant d'être docteur, on subit cinq examens, qui se décomposent eux-mêmes en dix épreuves et qui portent sur plus de vingt matières.

Une thèse complète la série de ces examens; avec le P. C. N., le minimum réclamé par les études médicales varie entre cinq ans et demi au minimum et six ans.

VIII. LE PERSONNEL DES FACULTÉS. — Les premiers en grade sont les *professeurs;* ils sont nommés par le chef du gouvernement, sur la présentation de leurs collègues, et sur proposition du ministre de l'instruction publique: ils ont comme auxiliaires les *agrégés,* nommés au concours pour une période de neuf ans.

Au-dessous de ce haut personnel enseignant, il est un certain nombre d'emplois qui sont dévolus au concours à des étudiants et à de jeunes docteurs; je citerai, pour la Faculté de Paris : les *prosecteurs,* dont chacun est préposé à la direction de l'un des « pavillons » de dissection de la Faculté; les *aides d'anatomie,* les *chefs de clinique,* les *préparateurs,* etc. Tous ces postes sont très enviés et constituent un brillant début de carrière.

IX. LE PERSONNEL DES HÔPITAUX : STAGIAIRES, EXTERNES, INTERNES. — On peut être médecin ou chirurgien des hôpitaux, et en même temps professeur ou agrégé à la Faculté; mais ce sont là deux emplois très différents, et le personnel de ces deux administrations ne se confond en rien. L'ensemble des médecins et des chirurgiens des hôpitaux constitue, à Paris, ce qu'on appelle le Bureau central ; on ne parvient à en faire partie que par la voie du concours, et ce concours demande une préparation de cinq ou six années ; c'est dire l'estime qui s'attache à cette admission. Médecins et chirurgiens sont secondés par des externes et des internes, recrutés comme eux par voie de concours.

L'*externat* est d'un accès facile ; il se passe généralement à la fin de la première année de médecine, alors qu'on a pris ses quatre premières inscriptions. Tout élève travailleur doit poursuivre l'obtention de ce titre ; il lui facilitera l'accès des hôpitaux, et s'il astreint à une assiduité de toute l'année, il permet d'approcher de plus près les hommes compétents. Rester simple stagiaire dans les hôpitaux de Paris équivaut presque, en effet, à faire sa médecine sans conseils et sans direction ; il ne faut pas demeurer longtemps à cette première étape.

Les épreuves de l'externat portent sur deux matières : l'*anatomie* et la *pathologie ;* une interrogation de cinq minutes sur chacune d'elles, voilà en quoi consiste l'examen. En province, il n'existe pas de concours d'externat, et tous les stagiaires prennent le titre d'externe.

L'*internat.* Autrement difficile est ce concours, auquel ne peuvent prendre part que ceux qui ont subi le précédent.

Les candidats à l'internat abandonnent généralement, après leur deuxième année de médecine, la préparation des examens de la Faculté ; momentanément, ils ne prennent plus d'inscriptions, l'idée du concours les domine et les absorbe. Ils donnent leur matinée à l'hôpital, leur après-midi et une partie de leur nuit à l'étude ; certains arrivent à fournir quatorze heures de travail par jour.

Ce travail porte sur ce qu'on appelle les *questions d'internat;* il y en a plus de quatre cents ; l'idéal est d'en voir une par jour.

Pour ne pas faillir dans cette tâche, il faut de l'entraînement ; de là sont nées ce qu'on appelle *les conférences d'internat.*

Dans ces réunions, un certain nombre de camarades, parfois d'amis, s'exercent, sous la direction d'internes, au concours qu'ils affronteront dans l'avenir. Chaque semaine, l'interne, maître de conférences, donne une matière à étudier ; la veille de la réunion, il désigne dans cette matière deux questions à traiter par écrit ; ce travail doit être fait en deux heures, comme à l'examen.

A la conférence, lecture est donnée de deux copies ; de part et d'autre on argumente ; enfin, comme conclusion au débat, l'interne traite le sujet qu'il avait proposé à l'étude de ses camarades[1].

A Paris, les conférences d'internat sont nombreuses et ont un caractère parfois un peu différent.

Il est des conférences en quelque sorte officielles, elles se tiennent à la Faculté, à la Pitié, à l'Hôtel-Dieu ; il en est d'autres payantes : ce sont des internes qui, pour se faire un petit revenu, réunissent chez eux quelques étudiants ; il en est enfin qui sont le fruit de la bonne camaraderie et qui naissent de la confiance réciproque.

Des jeunes gens, futurs médecins, se trouvaient réunis dans un groupement catholique ; bien vite ils se sentirent attirés à mettre en commun leur savoir pro-

---

[1] On trouve la nomenclature des questions d'internat avec annotations bibliographiques, chez Vogt, place de l'École-de-Médecine.

fessionnel : une réunion d'internat était née. N'est-ce pas là, par exemple, l'histoire de la Conférence Laënnec?

Pour faciliter la préparation du concours, il existe des manuels dans lesquels sont traités les principaux sujets sur lesquels peuvent porter les compositions[1]; il est des élèves qui préfèrent composer eux-mêmes leurs questions; cela demande plus de travail, mais est préférable.

Par ce que nous venons de dire de la préparation de l'internat, on a pu entrevoir en quoi consiste cet examen; d'un mot, précisons-en la nature. Il comprend :

1º Une *composition écrite* de deux heures, portant sur deux questions : l'une d'anatomie, l'autre de pathologie;

2º Une *épreuve orale* de dix minutes, comprenant deux interrogations sur les mêmes matières. Chaque année, environ sept cents candidats prennent part au concours; six cents copies sont remises, quatre cent cinquante sont lues, cent cinquante méritent l'admissibilité.

Un mot sur le mécanisme du concours d'internat. Après avoir entendu la lecture des questions proposées, un certain nombre d'élèves se retirent; ils ne remettent pas de copies. Parmi ceux qui restent, certains sont suffisamment contents de leur travail; lorsque par voie de tirage au sort ils sont convoqués à venir lire leur ouvrage devant le jury d'examen, ils se présentent. Les autres, qui sentent leur œuvre par trop inférieure, ne répondent pas à l'appel.

---

[1] Fascicules de Salien et Dubois, édités chez Baillière.

Les admissibles seuls sont appelés à l'examen oral, l'épreuve écrite étant éliminatoire. Deux questions leur sont posées, et, avant d'y répondre, dix minutes leur sont données pour la réflexion.

Environ soixante candidats sont alors déclarés *internes titulaires,* et investis de cette charge pour *quatre ans;* quelques autres, qui eussent été dignes d'être reçus, si le nombre des places n'avait été limité, reçoivent le titre d'*internes provisoires,* titre qui leur est conféré pour la durée d'*un an.* Les internes ont un traitement, bien modeste[1], il est vrai, mais qui, avec les gardes en ville et l'assistance aux opérations, leur permet cependant de se suffire à eux-mêmes. Reçu interne, l'étudiant qui avait interrompu ses études normales, qui ne passait plus d'examens, prend à nouveau des inscriptions et achève sa médecine. En même temps il se fait attacher chaque année à un service différent, et complète ainsi ses connaissances ; il opte pour la médecine ou pour la chirurgie, sans être d'ailleurs forcé de se spécialiser ; enfin, il vise parfois à la *médaille d'or,* la récompense la plus enviée des étudiants.

Au lendemain du jour où il quitte l'hôpital, il passe une thèse longuement préparée, et qui lui vaut assez souvent le titre de *lauréat de la Faculté.* A sa formation médicale il a donné de huit à dix années, au lieu des cinq qui sont de coutume ; la plupart du temps une

---

[1] Première année, six cents francs; deuxième année, sept cents francs; troisième année, huit cents francs; quatrième année, mille francs. Indemnité de logement, six cents francs. Indemnité de déplacement dans les hôpitaux excentriques, trois cents francs.

brillante carrière s'ouvre pour lui, son titre attirant la confiance.

X. Une œuvre a créer. — En même temps que se poursuit l'éducation scientifique de l'étudiant en médecine, il faut que sa formation morale ne soit pas négligée.

De tous côtés, on réclame des médecins chrétiens. Telle petite ville, tel canton est dominé, tyrannisé par un médecin libre penseur et politicien ; on voudrait lui opposer, ou plus souvent lui substituer, un médecin catholique. Celui-ci connaîtrait bien vite le succès, il aurait la sympathie du clergé, la confiance de toutes les bonnes familles nombreuses encore dans les villages. Ce médecin croyant, il faut en doter les campagnes.

A Paris, à Lyon, dans quelques grands centres, des étudiants se sont groupés autour d'un médecin catholique ou d'un prêtre zélé ; ils forment une élite qui honore le corps médical ; mais, lauréats des Facultés, ces jeunes gens s'établissent pour la majorité dans les grandes villes.

Le médecin rural commence généralement ses études à l'école la plus voisine de la résidence de ses parents : d'où la *nécessité de créer des groupements catholiques de jeunes médecins partout où il existe une école préparatoire de médecine ;* c'est là une nécessité urgente et le complément indispensable de l'éducation du collège.

Bon chrétien dans l'établissement ecclésiastique ou dans le petit séminaire qu'il vient de quitter, l'étudiant le demeurerait dans la ville où il commence sa médecine, s'il était encadré et entouré.

Se consacrer à une œuvre semblable, travailler par ce moyen à la rénovation sociale de son pays, voilà tâche, il nous semble, faite pour tenter plus d'un prêtre !

Que d'abord celui-ci réunisse, chez lui, deux ou trois étudiants, bientôt les supérieurs de collèges lui enverront des recrues : un groupement naîtra. On lui donnera d'abord comme objet la visite des pauvres, une société de Saint-Vincent de Paul, par exemple; puis ce petit groupe arrivera à avoir sa bibliothèque, ses salles de travail, l'aumônier fera des conférences religieuses, l'isolement sera détruit, les bons prendront courage.

Que demain des groupes semblables soient fondés, et bientôt nos campagnes auront des médecins catholiques; quelques années plus tard, nos paysans, entraînés par l'exemple, reviendront aux traditions de leurs aïeux.

Que dans chacune des villes où il existe une École de médecine, Amiens, Angers, Arras, Besançon, Caen, Clermont, Dijon, Grenoble, Limoges, Poitiers, Rennes, Rouen, Tours, un prêtre entende cet appel et se consacre à cette œuvre.

Plus que jamais, à l'heure où nous vivons, le prêtre a besoin d'être complété et aidé par des laïques militants.

Pour plus d'un religieux, le seul apostolat actuellement possible consiste à former et à armer quelques jeunes gens pour la lutte; ceux-ci iront dans la société à la conquête des esprits et des cœurs.

Cette tâche, qui peut la remplir plus facilement que le médecin de campagne? Tout facilite sa bienfaisante intervention : son devoir professionnel le constitue consolateur des affligés et dépositaire de bien des secrets ; on va à lui quand l'épreuve a déjà assagi ; il rend service, et il devient le conseiller qu'on écoute et l'ami que toujours on interroge ; son influence est-elle bonne, ses clients deviennent meilleurs.

Travailler à la formation chrétienne du médecin, et particulièrement du médecin de campagne, c'est donc œuvre éminemment utile.

L'an dernier, Paris fêtait le centenaire de l'internat des hôpitaux. Au programme officiel figurait une représentation théâtrale, un banquet, un concert ; les médecins chrétiens firent célébrer une messe, et ce fut un beau spectacle de voir à Notre-Dame des centaines de professeurs, d'agrégés, de docteurs, envahissant les nefs de la vieille métropole et venant prier pour leurs collègues décédés, affirmant ainsi leur foi religieuse, leur croyance en l'au delà et à l'immortalité de l'âme.

Les grandes villes ont leurs médecins chrétiens ; bientôt, espérons-le, les campagnes auront les leurs.

CHAPITRE II

LA MÉDECINE MILITAIRE

« Le service militaire universel, écrivait il y a
quelques années M. Melchior de Vogüé, doit jouer
un rôle décisif dans notre reconstitution sociale. »

Pour que cette belle et profonde pensée soit vraie,
il faut et il suffit que le jeune soldat trouve au régiment, dans la personne de ses chefs, des éducateurs.

A l'heure actuelle, vers ses vingt ans, tout Français
passe par la caserne. Si, à cette heure décisive dans la
vie, le jeune homme recevait un sérieux complément
d'éducation morale ; si des mesures efficaces étaient
prises pour l'aider à se garantir contre la corruption
qui le guette, corrigé, par la discipline, de ses défauts
naissants, habitué à l'effort, formé à l'énergie, il pourrait revenir parmi les siens meilleur qu'il n'est parti.

« L'officier, par la supériorité éclatante et continue
de sa vie, écrit M. Étienne Lamy, peut accomplir cette
tâche, donner cet enseignement ; il peut gagner le
cœur et dominer l'intelligence de ses hommes ; par ses
vertus, il peut semer des vertus dans la nation. »

Parmi les chefs, il en est un pour lequel cette tâche

est encore plus facile que pour les autres, parce qu'à la considération due au rang militaire il joint le prestige de la science et des services rendus. J'ai nommé le médecin, le major.

De plus, à l'heure précise où nous sommes, ce praticien a sur l'officier ordinaire une réelle supériorité : il est plus libre de ses mouvements. Lui fait-on sentir qu'il déplaît, que sa médecine n'est pas gouvernementale et que ses idées n'ont pas l'estampille officielle, sa vie ne sera pas brisée pour cela ; contraint même à donner sa démission, il aura dès le lendemain une voie toute tracée, un gagne-pain assuré : il « fera de la clientèle ».

La médecine militaire est, on le voit, une carrière à influence et suffisamment indépendante ; elle est donc à conseiller.

RECRUTEMENT. — Comment devient-on médecin militaire ? Par la voie du *concours*, concours qu'on peut affronter soit au début de ses études médicales, soit lorsqu'on est déjà pourvu du diplôme de docteur.

L'étudiant, qui veut entrer dans le corps de santé militaire, commence par s'inscrire à la préfecture du département où il fait sa médecine [1]. S'il désire obtenir une bourse, c'est alors aussi qu'il en fait la demande ; cette demande doit être accompagnée d'une délibération du conseil municipal du domicile de ses parents, constatant l'impossibilité pour ceux-ci de subvenir aux frais d'études de leur fils.

Ceci fait, l'étudiant a trois épreuves à affronter : épreuve écrite ; épreuve orale éliminatoire ; épreuve orale définitive.

---

[1] Date d'inscription : 1er-23 mai.

L'épreuve écrite se passe vers le milieu de juin et comprend :

1º Une composition sur un sujet de physiologie et de chimie biologique;

2º Un thème allemand.

La composition de physiologie est notée vingt points, alors que le thème allemand n'est noté que quatre points; quatre heures sont accordées pour la première de ces épreuves, deux seulement pour la seconde.

A la suite de l'examen écrit, la liste des admissibles est publiée au *Journal officiel;* dans le courant de juillet se passent les épreuves orales. A ce moment, le candidat doit remettre au président du jury d'examen :

1º Son diplôme de bachelier de l'enseignement secondaire classique (lettres-philosophie);

2º Son certificat d'études physiques, chimiques et naturelles;

3º Un certificat constatant la prise de quatre inscriptions, autrement dit attestant une année d'études médicales.

L'épreuve orale éliminatoire dure quinze minutes; dix réservées à l'anatomie, cinq à l'histologie.

A la suite de cet examen, on arrête la liste des candidats admis à subir les épreuves définitives; celles-ci durent vingt minutes, et consistent en des interrogations sur la pathologie médicale et chirurgicale.

C'est alors que le ministre dresse la liste des candidats nommés élèves à l'École du service militaire, dite École de Lyon.

Pour le *docteur*, qui veut devenir médecin militaire, la voie à suivre est différente. Une condition d'âge lui est imposée, il doit avoir moins de vingt-huit ans; les épreuves qu'il a à subir sont les suivantes :

1º Une composition écrite sur un sujet de pathologie générale ;

2º L'examen de deux malades atteints, l'un d'une affection médicale, l'autre d'une affection chirurgicale ;

3º Une épreuve de médecine opératoire, précédée de la description de la région sur laquelle elle doit porter ;

4º Des interrogations sur l'hygiène.

Les jeunes docteurs qui satisfont à ces épreuves sont nommés stagiaires à l'École d'application du service militaire de santé, dite école du Val-de-Grâce.

Au point de vue militaire, étudiants et docteurs reçus aux examens dont nous venons de parler contractent l'engagement de servir six ans au moins dans l'armée active, à partir de leur nomination au grade de médecin-major de seconde classe.

L'École de Lyon. — La plupart des futurs médecins militaires passent par l'école de Lyon ; car relativement peu nombreux sont les docteurs qui concourent pour la médecine militaire ; ils étaient sept, je crois, l'an dernier. Le séjour normal à Lyon est de trois ans ; le prix de la pension est de 1 000 francs ; les boursiers, qui sont nombreux, en sont naturellement dispensés. Les élèves sont soumis au régime de l'internat ; ils portent l'uniforme : pantalon rouge à bande noire, tunique, képi avec bande velours grenat et gros galon d'or ; ils suivent les cours à la Faculté, avec les étudiants civils.

A l'École, ils sont répartis en divisions ; à la tête de chacune d'entre elles est un médecin-major ; deux adjudants remplissent les fonctions de surveillants.

Chaque jour, une ou deux heures sont données à la formation militaire; formation qui est complétée par des leçons d'escrime et d'équitation.

Suivons l'élève de Lyon dans sa vie de tous les jours, nous connaîtrons ainsi l'emploi de son temps.

La matinée appartient aux hôpitaux : deux heures sont passées dans les hôpitaux militaires, deux heures dans les hôpitaux civils; l'après-midi est consacrée aux cours, et la soirée est donnée au travail personnel.

Les repas se prennent à onze heures. un quart le matin et à six heures un quart le soir; le lever a lieu à six heures et demie ou à sept heures, selon la saison.

Après deux années d'école, l'élève recevrait, en cas de guerre, le titre de médecin auxiliaire.

Les congés sont assez nombreux : sept jours au nouvel an, quinze jours à Pâques, cent jours aux grandes vacances.

L'élève, qui deux fois échoue à ses examens, est renvoyé de l'École.

Le Val-de-Grace. — Après leurs études achevées à Lyon, les élèves de l'École de santé sont envoyés à Paris, à l'École d'application, au Val-de-Grâce.

Ils y arrivent au mois d'octobre; le 1er février, ils reçoivent leur nomination d'aide-major de seconde classe; ils logent en ville dans un périmètre qui leur est assigné; sur leur képi, le fin galon d'or des sous-lieutenants remplace le gros galon de l'école de Lyon; dès lors aussi ils reçoivent un traitement : deux cent soixante-dix francs par mois.

Au Val-de-Grâce, les anciens de Lyon se trouvent

avec les jeunes gens qui ont concouru pour la médecine militaire, alors que leurs études médicales étaient déjà achevées.

Les « Lyonnais » sont médecins aides-majors; les autres sont simples stagiaires; aussi ne portent-ils point de galon d'or sur la manche, et leur traitement est-il un peu moindre : deux cent cinquante-huit francs par mois.

La vie au Val-de-Grâce est prise par la fréquentation des différents services, et par la présence aux cours spéciaux faits par des médecins militaires.

Les élèves stagiaires doivent, à la fin de leur scolarité, passer l'examen d'aide-major; dans le cas d'insuccès, il serait procédé à leur licenciement.

La Carrière. — Le soldat qui tombe malade au régiment est soigné à l'infirmerie, s'il est atteint d'une affection peu dangereuse; au contraire, il est dirigé vers l'hôpital, si la maladie offre un caractère de gravité. Dans les villes où il y a des agglomérations considérables de troupes, à Lyon et à Paris par exemple, l'hôpital est exclusivement militaire; ailleurs, les malades sont envoyés dans les hôpitaux civils, mais placés dans des salles réservées.

Les médecins militaires trouveront donc l'emploi de leur art, soit dans les hôpitaux, soit dans les régiments. Au sortir du Val-de-Grâce, le médecin militaire a, nous l'avons dit, le titre de *médecin aide-major de deuxième classe*; il reste dans ce grade deux ans; au bout de ce temps, il passe *aide-major de première classe*, et demeure généralement dans cet emploi de huit à dix ans.

Les échelons qu'il franchira ensuite seront les sui-
suivants :

Major de deuxième classe, assimilé à capitaine;

Major de première classe, assimilé à commandant;

Médecin principal de deuxième classe, assimilé à
lieutenant-colonel;

Médecin principal de première classe, assimilé à
colonel;

Médecin inspecteur, assimilé à général.

Quelles sont les attributions de ces diverses catégories de médecins?

Les médecins inspecteurs constituent le conseil de
santé de l'armée; c'est à eux qu'il appartient d'éclairer
le ministre sur l'état sanitaire des troupes; par des
tournées d'inspection, ils se rendent compte des réformes
à faire ou des améliorations à introduire dans les règle-
ments qui relèvent de leur compétence. Les médecins
principaux remplissent les fonctions de chefs du service
médical dans les établissements hospitaliers. Les méde-
cins-majors de première et de deuxième classe remplissent les fonctions de médecins dans ces mêmes établissements, et sont chefs du service de santé dans les
corps de troupe.

Dans chaque régiment, il y a un médecin-major de
première classe, un médecin-major de deuxième classe
et un médecin aide-major.

Au début de ce chapitre, nous avons dit un mot de
l'influence bienfaisante que peut exercer le médecin;
nous pensions surtout à l'influence individuelle, celle
du bon exemple; celle qu'on exerce par un bon conseil,
une bonne parole.

Une circulaire ministérielle récente ordonne de donner dans les régiments des conférences, et, parmi les sujets qu'on désire voir traiter, nous relevons ceux-ci :

L'alcool, les ravages qu'il exerce, urgente nécessité de combattre ce fléau. Notions élémentaires d'hygiène et de médecine.

Le médecin sera appelé à faire ces conférences. En apprenant au soldat à respecter son corps, à en prendre soin, naturellement, il lui parlera du respect qu'on se doit à soi-même, facilement il lui dira un mot de l'âme; le prestige qui s'attache à sa parole contre-balancera l'influence néfaste que parfois l'instituteur matérialiste avait eue sur ses élèves.

On parle de supprimer les cercles catholiques, où le soldat trouvait des dérivatifs aux occupations mauvaises. Si bientôt nous avons à nous affliger de ce nouveau déni de justice, l'officier, aidé par le major, devra s'ingénier pour offrir à la caserne des attractions honnêtes au pauvre troupier que guettent au dehors toutes les corruptions.

Le médecin qui entrera dans cette voie sera récompensé d'abord par la satisfaction de la conscience; ensuite le soldat lui payera sa dette de gratitude en lui accordant « ce regard de confiance et de remerciement auprès duquel, disait le maréchal Bosquet, le reste n'est rien ».

CHAPITRE III

Pour choisir la carrière médicale, il faut une vocation ; cette vocation doit être double quand il s'agit d'être médecin des colonies.

Quiconque a à la fois un caractère entreprenant et des convictions solides, qui en outre est doué de beaucoup d'endurance, de dévouement, de bonne humeur, peut songer à cette profession.

Autrefois, c'était le corps des médecins de la marine qui fournissait à nos colonies son personnel médical ; il n'en est plus ainsi depuis quelques années, et, lors de leur classement, les anciens élèves de Bordeaux ont à opter entre la médecine de la marine et la médecine coloniale.

Médecins de la marine, ils exerceront leur profession à bord de nos navires de guerre et dans les hôpitaux de nos ports militaires.

Médecins coloniaux, ils dirigeront le service de santé dans les hôpitaux et ambulances de nos possessions lointaines ; ils seront attachés aux différents régiments qui composent notre armée coloniale.

Si j'étais élève de Bordeaux, je donnerais, sans hésiter, ma préférence à la médecine coloniale.

La vie du médecin de la marine est d'une régularité monotone ; car il n'a pas, comme les officiers de notre flotte, dont il partage l'existence, l'incessante distraction et préoccupation du commandement. S'il n'est pas homme d'études, sa vie s'écoule inoccupée et insignifiante lorsqu'il n'a pas de malades ; ses longs séjours en mer lui rendent difficile de fonder une famille ; il n'a pas d'autres clients que ses marins.

Différente est la situation du médecin colonial.

Attaché à un établissement hospitalier, il fait vraiment de la médecine ; il se crée une clientèle en dehors de son hôpital. Homme privé, il peut avoir un intérieur, il lui est facile de se marier ; il est même souhaitable qu'il le soit, pour échapper aux entraînements qui sont malheureusement si communs dans nos colonies.

Médecin de régiment, il a la vie active et mouvementée des troupes ; il a les jouissances de l'existence militaire.

Ceci est une appréciation personnelle, cependant elle me détermine à ne traiter ici que de la médecine coloniale. Ceux de mes lecteurs qui ne partageraient pas ma manière de voir trouveront cependant, en ce chapitre, les premières données sur la médecine de la marine, puisque le commencement des deux carrières est identique.

Les premiers débuts du médecin des colonies ne se distinguent pas de ceux du médecin civil ; avec lui et comme lui, il doit d'abord acquérir le certificat de sciences physiques, chimiques et naturelles (P. C. N.) ; alors seulement sa voie devient différente.

La première détermination, au sortir du collège, portera donc sur la carrière médicale ; ce sera seulement l'année suivante que, dans cette carrière même, on sera appelé à opter pour telle ou telle branche. Ainsi, on aura le temps de s'habituer à prendre des décisions, et vraisemblablement on n'obéira pas à un enthousiasme irréfléchi.

LES ÉCOLES DE BREST, ROCHEFORT ET TOULON. — Trois écoles, celles de Brest, de Rochefort et de Toulon, ont été établies pour préparer au concours de l'École navale de médecine ; dans l'une ou l'autre les candidats doivent séjourner un an ; là, ils font leur première année d'études médicales.

Les candidats qui sollicitent leur admission dans l'une des trois écoles annexes doivent se faire inscrire, entre le 15 septembre et le 1er octobre, à la préfecture du département où est établi le domicile de leur famille ; ils peuvent, s'ils le préfèrent, opérer cette inscription à la ville, chef-lieu du département où ils font leurs études.

L'élève doit en même temps remplir certaines formalités, produire plusieurs certificats ; il doit, notamment, établir qu'il est âgé au moins de dix-sept ans, et qu'il n'est atteint d'aucune maladie ou infirmité le rendant impropre au service militaire.

Sur ces demandes, le ministre statue vers le 1er novembre de chaque année.

Durant son séjour à Brest, à Rochefort ou à Toulon, l'étudiant doit s'entretenir à ses frais ; il loge et prend ses repas en ville ; il ne porte pas d'uniforme et ne contracte aucun engagement ; de plus, il acquitte de ses deniers ses quatre premières inscriptions.

L'année scolaire, commencée le 3 novembre, s'achève le 31 juillet.

L'École de Bordeaux. — Un concours ouvre l'entrée de l'école de Bordeaux. Pour le subir, il faut sortir de l'une des écoles préparatoires que nous avons étudiées; il faut, de plus, être âgé au minimum de dix-huit ans[1], au maximum de vingt-quatre. La demande de prendre part au concours s'adresse au ministre de la marine; chaque année la liste des candidats est close le 15 juillet.

Le concours comporte des épreuves écrites et des épreuves orales.

Les *épreuves écrites* ont lieu du 25 juillet au 1er août, à une date fixée par le ministre, dans les ports de Brest, de Rochefort et de Toulon.

Elles comportent :

1º Une composition sur un sujet de physiologie ;

2º Une composition en langue étrangère : thème anglais ou allemand.

Quatre heures sont données pour la première composition ; deux heures pour la seconde.

Les épreuves écrites sont éliminatoires.

Les *épreuves orales* se passent dans les mêmes villes que les épreuves écrites.

Elles comprennent :

1º Un examen sur l'anatomie descriptive et l'histologie ;

2º Une préparation anatomique ;

3º Une double épreuve de séméiologie médicale et de petite chirurgie.

Après la clôture des examens, le jury établit, d'après les points qu'ils ont obtenus, la liste des candidats ; le

---

[1] Il suffit que cet âge de dix-huit ans soit atteint au 1er janvier qui suit la date du concours.

ministre nomme alors aux emplois d'*élève du Service de santé de la Marine* dans la mesure des places disponibles.

L'école de Bordeaux est une école militaire ; les élèves y sont logés ; ils portent un uniforme, et ils sont assimilés aux aspirants de seconde classe. Ils suivent, à la Faculté de médecine, et dans les mêmes conditions que les autres étudiants, les cours, conférences, cliniques et exercices pratiques afférents à leur année d'étude.

Des répétiteurs, attachés à l'école, contrôlent le travail des élèves, font passer des examens, et donnent des notes qui comptent pour le classement final.

Le prix de la pension est de 700 francs par an ; le prix du trousseau, de 775 francs pour la première année, de 250 francs pour la deuxième année et de 275 francs pour la troisième année.

Des bourses et des demi-bourses, des trousseaux et des demi-trousseaux peuvent être accordés aux élèves dont les familles n'ont pas les ressources suffisantes pour subvenir à leur entretien à l'école. Le préfet est toujours l'intermédiaire forcé pour ces demandes, et c'est chose fâcheuse, à une heure où la politique obscurcit trop souvent le jugement et la vue de nos premiers fonctionnaires départementaux.

Au moment d'entrer à l'école de Bordeaux, les élèves contractent un engagement militaire de trois ans, et s'obligent, par acte administratif, à servir six ans dans le corps des troupes coloniales.

Pour le jeune homme qui n'a pas de fortune et qui rêve être médecin, le meilleur moyen de réaliser son rêve est assurément d'obtenir une bourse, soit à l'école de Lyon, soit à l'école de Bordeaux, et de poursuivre ainsi ses études sans frais.

Il payera sa dette de reconnaissance à l'État en servant les années prescrites dans l'armée ; ensuite, ayant même fait quelques très modestes économies, il pourra s'établir médecin civil.

La Carrière. — A sa sortie de Bordeaux, le jeune docteur reçoit le titre de médecin aide-major des troupes coloniales ; nous supposons qu'il a opté pour les colonies. Autrement, il serait nommé médecin auxiliaire de deuxième classe de la marine.

La hiérarchie dans laquelle il prend place est la suivante, et voici les différents échelons qu'il pourra successivement franchir :

GRADES	SOLDE D'EUROPE	SOLDE COLONIALE
Aide-major { sorti lors de la liste de classement :		
dans la 1re moitié. . . .	2 842 fr.	5 153 fr.
dans la 2e moitié. . . .	2 652 fr.	
Major de 2e cl. { avant 5 ans de grade. . .	3 675 fr.	1re moitié, 6 404 fr.
après 5 ans de grade. . .	4 206 fr.	2e moitié, 5 732 fr.
Major de 1re classe	6 328 fr.	9 511 fr.
Médecin principal de 2e classe.	7 520 fr.	11 178 fr.
Médecin principal de 1re classe.	9 151 fr.	19 492 fr.
Médecin inspecteur	13 226 fr.	23 115 fr.

En dehors de leur traitement, les médecins coloniaux reçoivent généralement diverses autres allocations ; ils sont chargés, par exemple, du service sanitaire dans les ports ; les tribunaux leur confient des expertises légales ; souvent aussi ils font de la clientèle. Je pourrais citer le cas, il est vrai, assez exceptionnel, d'un médecin-major de seconde classe, à Saïgon, qui se faisait dix-huit mille francs.

Le climat des colonies est fatigant : on ne saurait se

séparer pour toujours de la famille laissée en France ; les médecins coloniaux sont donc assimilés aux officiers, et, comme eux, sont désignés périodiquement pour faire du service en France dans les régiments coloniaux ; mais ce régime, aux yeux d'un grand nombre, n'est pas considéré comme une faveur ; c'est simplement une diminution de solde.

Il est un moyen d'échapper en partie à ce roulement. Le médecin qui a prolongé son séjour aux colonies d'une année peut être autorisé, par le ministre, à rentrer en France pour une période de six mois, avec la solde coloniale entière. A l'expiration de ce congé, il sera renvoyé dans la colonie qu'il vient de quitter pour une nouvelle période réglementaire.

Après vingt-cinq ans de service actif, les médecins des colonies ont droit à une retraite ; celle-ci est, en général, d'à peu près la moitié de la solde d'Europe.

Entre quarante-trois et quarante-cinq ans, le médecin qui le désirera, retraité, décoré, pourra donc songer à se créer une situation civile [1] ; cela lui sera très facile, étant donné surtout le prestige qui s'attache à son ancienne situation.

---

[1] A côté des *médecins militaires,* nos colonies réclament en effet des *médecins civils ;* elles en sont généralement assez dépourvues, excepté dans les grands centres. Ce serait là un débouché pour de jeunes médecins qui, faute de premières ressources, ne peuvent se créer une situation en France. Des situations de ce genre sont actuellement à prendre à Sadec, Gocong, Bentré, Baclieu, Tuohaumat, Bachgia, Takeo (Indo-Chine). Généralement l'administrateur passe avec le médecin un traité de trois ans ; la solde est de 7 000 à 7 500 francs ; un congé de six mois est accordé tous les trois ans. Le médecin est logé et a un hôpital où il s'entretient dans la pratique de son art ; quelques honoraires, plus ou moins considérables, viennent grossir son budget.

TROISIÈME PARTIE

LES CARRIÈRES COLONIALES

PREMIÈRE SECTION

Vers la colonisation.

L'ÉCOLE COLONIALE
LE COMMISSARIAT DE LA MARINE
LES DOUANES CHINOISES

CHAPITRE PREMIER

L'ÉCOLE COLONIALE

Lettre à un camarade.

MON CHER AMI,

Je vous croyais un continental irréductible, et voici que vous m'annoncez votre vocation coloniale. Les aventures lointaines semblent vous solliciter, l'inaction vous pèse. Bravo !

Vous me demandez cependant de vous mettre à l'épreuve. J'accepte et je vous soumets à trois années d'études et à des examens. Suis-je assez terrible ?

D'une façon générale, je n'aime pas le fonctionnarisme ; il faut cependant des fonctionnaires, et je reconnais que, lorsqu'ils ne sont pas fort nuisibles, ils peuvent rendre de grands services.

Gouverner, pacifier, juger, voilà choses que vous ferez à merveille, vous êtes né pour cela ; et comme vous ne pouvez entrer dans une carrière par la petite porte surbaissée et étroite des faveurs, il ne vous reste qu'une entrée, mais c'est la grande : celle du concours.

Il y a quelques années, on a créé à Paris une école destinée à assurer le recrutement de nos fonctionnaires coloniaux ; c'est vers cette école que je vous dirige. Construite par un architecte qui devait être hanté de rêves bizarres, coloniaux peut-être, cette école s'abrite sous les ombrages du parc du Luxembourg [1] ; elle ne reçoit que des externes, et, en dehors de ses élèves de la section commerciale, les étudiants qui la fréquentent se destinent à l'administration des colonies.

FORMALITÉS D'ADMISSION ET PRÉPARATION. — Avant le 1er avril prochain, vous écrirez à M. le ministre des colonies pour lui demander de pouvoir prendre part au concours d'admission de l'École. Vous accompagnerez votre demande d'un extrait de votre *acte de naissance*, constatant que vous êtes né entre le 1er janvier 1881 et le 31 décembre 1885 [2]. Si vous êtes passé par le régiment, la limite d'âge du concours 1904 dont je vous entretiens est prolongée pour vous d'un nombre d'années égal à celui des années passées sous les drapeaux.

A votre missive, vous joindrez encore votre *diplôme de bachelier*, un extrait de votre *casier judiciaire*, un certificat de l'autorité compétente constatant que vous êtes propre au service des colonies.

---

[1] 2, avenue de l'Observatoire.

[2] Pour l'entrée en 1905, ajouter une année à chacune des deux limites d'âge.

Ayant ces documents en main, M. le ministre réfléchira ; vous attendrez qu'il ait réfléchi, et un beau jour vous recevrez une lettre vous disant que vous êtes admis à vous présenter au concours qui se passe à Paris dans la dernière semaine d'octobre.

Cette permission de concourir vous sera d'ailleurs accordée sans aucune difficulté, et cela surtout si, depuis une année déjà, vous suivez les cours préparatoires à l'examen, qui se professent à l'École coloniale elle-même. J'attire votre attention sur ce *cours préparatoire*.

Généralement, quand on va subir un examen, on va tirer un numéro de loterie ; quand on a beaucoup travaillé, on a beaucoup de numéros dans son sac, voilà tout ; jamais on ne sait tout son programme, et jamais, quelque fort qu'on soit, on ne peut être certain de ne point connaître les tristesses d'un échec.

A l'École coloniale, innovation intéressante, c'est à l'école même qu'on prépare l'école. On a donc l'avantage de suivre des cours faits sur les matières demandées à l'examen, et seulement sur celles-là ; et on ne court point le risque d'étudier trop à droite ou à gauche.

Le cours préparatoire dure une année ; il vous serait donc utile de venir à Paris dès ce mois de novembre, si vous voulez affronter le concours en octobre 1901.

Au reste, on est également libre de se préparer ailleurs qu'à l'École, seul ou avec un maître de son choix, et je connais de nos amis qui ont été brillamment reçus dans ces conditions.

L'examen, tout en étant d'un niveau assez élevé, offre une difficulté très surmontable à quiconque est fort en histoire, en géographie, en anglais surtout.

Plusieurs ouvrages sont à connaître à fond : ceux de Leroy-Beaulieu sur *la Colonisation dans les temps modernes*, et ceux de Schneider sur *la Géographie mondiale*.

Le Concours. — L'an dernier, cent trente candidats se présentaient à l'École coloniale : trente-huit seulement ont été admis ; mais c'est la moyenne commune à toutes les écoles de l'État.

Le concours comprend :

1° *Une épreuve de sous-admissibilité* (examen juridique), portant sur les matières enseignées dans la première et la seconde année des études de droit. — Les bacheliers en droit sont dispensés de cet examen.

2° *Des épreuves écrites d'admissibilité*, portant sur les matières suivantes :

a) Histoire générale de la colonisation française et étrangère jusqu'en 1815.

b) Histoire générale de la colonisation française et étrangère de 1815 jusqu'à nos jours.

c) Géographie.

d) Version et thème anglais ou allemands.

3° *Des épreuves orales d'admission*, portant sur les matières suivantes :

a) Construction pratique.

b) Hygiène et médecine pratique.

c) Comptabilité pratique.

d) Langue anglaise ou allemande (conversation).

Le coefficient de l'examen en langue anglaise est double du coefficient de l'examen en langue allemande.

La durée des compositions écrites est de trois heures, sauf pour la composition de langue vivante, dont la durée est fixée à deux heures. Ce dernier examen comporte un thème dicté et une version écrite au tableau.

La durée de chaque examen oral est de dix minutes.

L'ÉCOLE. — Après votre admission, vous serez classé dans l'une des quatre sections suivantes :

1° Commissariat colonial.

2° Carrières indo-chinoises.

3° Carrières africaines.

4° Administration pénitentiaire.

Voici comment s'opère le classement :

Candidat, vous avez inscrit sur une feuille spéciale et par ordre de préférence les quatre sections que je viens de vous indiquer; après votre admission, et lorsque vos camarades reçus avec un meilleur numéro que vous seront pourvus, on vous classera en tenant compte de vos préférences. Il se pourra cependant qu'ayant placé en première ligne le commissariat colonial, par exemple, vous soyez affecté aux carrières indo-chinoises, votre droit d'option s'étant exercé alors que tous les postes à attribuer au commissariat étaient déjà pourvus.

L'an dernier, il y avait six places pour le commissariat colonial, douze pour l'Indo-Chine, dix-huit pour l'Afrique, deux pour l'administration pénitentiaire. Le premier prit l'Indo-Chine, le second l'Afrique, le troisième l'Indo-Chine, le quatrième l'Afrique, le cinquième l'Indo-Chine, le sixième le commissariat, le septième, le huitième, le neuvième, le dixième, le onzième, le douzième, le treizième l'Indo-Chine, le quatorzième le commissariat, le quinzième et le seizième l'Indo-Chine; les autres se partagèrent entre

le commissariat, l'Afrique et l'administration péniten
tiaire.

Jusqu'alors le commissariat avait été plus recherché,
et il avait été le partage des premiers numéros ; les in-
certitudes jetées sur la carrière à la suite des tiraille-
ments relatifs à l'armée coloniale amenèrent l'an dernier plus d'hésitations dans ces options.

Cette répartition une fois opérée, il y a spécialisation d'études pour les différentes sections administra-
tives. Le programme de l'École vous apprendra les
cours généraux et les cours spéciaux que vous aurez
à suivre. Vos nouvelles études dureront deux ans ;
chaque mois vous aurez à subir des examens. On vous
demandera, sous peine d'exclusion, une moyenne de
notes assez élevée ; à la fin de votre première année
vous subirez un examen de passage, puis un nouvel
examen à la fin de votre seconde année.

Ajoutez à tout cela que, si vous n'êtes déjà licencié
en droit lors de votre admission à l'école, il vous faudra
mener de front, avec vos études coloniales, la conti-
nuation de vos études juridiques, la licence étant exigée pour certaines fonctions et désirable pour toutes.

Donc il vous faudra beaucoup travailler, et je m'en
réjouis pour vous.

L'esprit de l'École coloniale est très curieux. Là,
vous rencontrerez beaucoup de bons camarades dans
le sens banal du mot ; mais je crains que vous n'ayez
quelque peine à trouver un ami véritable, un ami qui
soit en complète sympathie d'idées et de sentiments
avec vous ; aussi je me permets de vous rappeler ce
conseil d'un ancêtre : « Aie une boutique et une arrière-
boutique. Dans la boutique, sois poli sans te donner ;

que là pénètre tout venant, même qui en est sorti en battant les portes ou en jetant des pierres aux carreaux. Dans l'arrière-boutique, affectueuse et intime, ne reçois que celui qui a la même foi chrétienne que toi. »

Oui, cher ami, vous serez dans un milieu tout différent de celui que vous quittez; peut-être alors regretterez-vous un peu votre cher collège; parmi ces nouveaux camarades, vous resterez quand même franchement catholique; quelques amis, d'ailleurs, vous en donneront l'exemple.

On vous observera, on vous mettra à l'épreuve à tous les points de vue; quand on aura constaté que vous êtes un camarade serviable et bon entre tous, que vous êtes parmi les premiers, on vous respectera.

Je sais d'ailleurs que vous avez pris pour devise ce joli mot du peintre Poussin : « Je ne néglige rien. »

Les Carrières. — En sortant de l'Ecole, vous pourrez être affecté à l'administration centrale du ministère des colonies; le commissariat pourra être votre lot.

Vous avez beaucoup de chances d'appartenir au personnel des administrateurs coloniaux[1]; enfin vous pourrez rendre la justice hors de France et sans scru-

---

[1] Administrateurs coloniaux :

Grades et classes :		Solde coloniale :
Administrateurs en chef	de 1re classe...	16 500 à 17 000 fr.
	de 2e classe...	15 000 à 16 000 fr.
Administrateurs	de 1re classe...	13 000 à 14 500 fr.
	de 2e classe...	11 000 à 12 500 fr.
	de 3e classe...	9 500 à 10 500 fr.
Administrateurs adjoints	de 1re classe...	8 000 à 9 000 fr.
	de 2e classe...	6 500 à 7 500 fr.
	de 3e classe...	5 000 à 6 000 fr.
Administrateurs stagiaires		4 000 à 4 500 fr.

pules de conscience, puisqu'on admet encore, en principe du moins, que l'anticléricalisme n'est pas objet d'exportation.

Je vous vois donc, pour vos débuts, attaché, par exemple, aux bureaux du gouvernement général d'Indo-Chine.

Encore un mot : j'ai besoin de vous dire combien il me semble important que plusieurs d'entre nous arrivent par la voie du concours à se faire une situation dans l'administration coloniale

Quel appui pour nos missionnaires, si, au lieu d'indifférents ou d'hostiles, ils avaient à côté d'eux des administrateurs chrétiens !

Quel appui aussi pour les colons nos amis, si, au lieu de se trouver à leur débarquement en présence de fonctionnaires trop souvent recrutés au rabais, ils avaient en face d'eux des administrateurs honnêtes et sympathiques !

Soyons donc fonctionnaires, dans la France du dehors, par esprit chrétien, comme, par ce même esprit, nous ne voulons l'être à aucun prix dans la France du dedans.

J'ajoute que là-bas, s'il vous était difficile, cher ami, d'avoir cette influence que je rêve pour vous, vous auriez encore une ressource : démissionner et vous établir colon libre.

Dans cette nouvelle situation, il vous serait plus facile qu'à un autre de réussir. Connaissant le pays, sachant quelles seraient les concessions les meilleures, en relations d'amitié avec de nombreux fonctionnaires, vos anciens collègues, vous auriez pour vous toutes les chances de succès.

Courage donc, et hardiment, fièrement, faites votre trouée dans le monde colonial.

CHAPITRE II

LE COMMISSARIAT DE LA MARINE

Lettre à un camarade.

MON CHER AMI,

Vous voici bachelier, et les vacances sont terminées ; vous vous disposez maintenant à prendre votre première inscription de droit.

Vous aviez rêvé porter l'épaulette ; un moment vous aviez pensé à Saint-Cyr : les difficultés du concours, sa longue et pénible préparation vous ont effrayé, et alors vous avez parlé à vos parents de partir pour les colonies ; mais les colonies, c'est... bien loin, et les vôtres n'ont jamais quitté les bords fleuris qu'arrose la Seine ; ils vous ont dissuadé.

On vous envoie donc à l'École de droit ; est-ce que vous rêveriez être un « basochien » ? Connaissant votre tournure d'esprit, je ne le crois pas ; entre les dossiers et vous, il me semble qu'il ne doit pas y avoir attrait réciproque.

J'ai trouvé ce qu'il vous faut : vous allez contenter

votre famille en faisant votre droit, et quand même vous suivrez votre vocation en portant l'épée.

C'est un rébus que je vous pose?

Eh bien, non. A première vue, c'est étrange; mais c'est l'École de droit qui fournit à notre armée les officiers du commissariat de la marine et du commissariat des colonies; ces derniers, il est vrai, d'une façon indirecte.

Heureux mortel! tout en suivant vos goûts, vous avez le choix entre deux carrières.

Préférez-vous les lointaines expéditions? soyez commissaire des colonies; au contraire, vous en coûte-t-il de dire un éternel adieu à la patrie? soyez commissaire de la marine.

Préparation. — Il vous faut d'abord décrocher le diplôme de *licencié en droit;* voici donc devant vous trois années de labeur.

Pour le commun des mortels, le travail n'est pas écrasant; pour vous, il en sera autrement; car le programme du commissariat contient beaucoup de matières juridiques sur lesquelles on n'insiste pas dans les Facultés. En votre particulier, il vous faudra approfondir et compléter l'enseignement de vos professeurs, notamment en ce qui concerne le droit administratif, le droit international et le droit maritime.

Il serait même excellent que vous trouviez, pour votre dernière préparation, un répétiteur ayant la pratique de l'examen dont nous nous entretenons.

En abordant l'étude du droit, vous ne négligerez pas l'art d'écrire : le *style* est le facteur principal des examens du commissariat; le coefficient qui lui est affecté est le plus élevé ; certes, les hérésies scientifiques ne sont pas tolérées ; mais quiconque possède bien les grandes lignes des deux sujets donnés comme compositions juridiques est à peu près sûr du succès, s'il construit logiquement ses dissertations et les développe en une langue correcte et claire.

Un candidat, fût-il le plus savant des hommes, n'a pas de chances de succès s'il porte l'obscurité en lui.

En dehors des heures consacrées au droit, vous donnerez votre temps libre à l'étude de l'*anglais;* vous ferez aussi une place, sur votre table de travail, à deux livres qui n'ont point souvent cet honneur : votre *Traité d'arithmétique* et votre *Précis de géométrie.*

Ces matières donnent lieu à des épreuves assez anodines ; vous ne les négligerez pas cependant ; on gagne plus sûrement la partie quand on a tous les atouts dans son jeu.

EXAMEN. — Voilà donc votre programme de vie pour les trois années qui viennent ; ensuite vous pourrez affronter hardiment l'examen. Il se passe à Paris, dans la *deuxième quinzaine de septembre,* et le registre d'inscription est clos le 31 août précédent. Chaque année, un arrêté ministériel fixe le chiffre de la promotion ; le mois dernier, quatorze candidats ont été admis.

En outre du diplôme de licencié, les concurrents doivent être reconnus *propres au service militaire* et avoir un casier judiciaire absolument vierge. La limite d'âge pour le concours est de *vingt-quatre ans.*

Il serait préférable d'être reçu à l'examen avant l'appel de sa classe ; on ne connaîtrait pas ainsi les rigueurs de la vie de simple soldat.

Enfin, voici le jour de l'examen ; la commission qui vous examine appartient au corps dans lequel vous ambitionnez d'entrer : c'est une garantie. Autre garantie : celui qui corrigera vos épreuves ne connaîtra pas votre nom ; il vous jugera d'après votre science. En effet, sur vos copies, vous ne devez mettre qu'une devise et un signe.

Six heures durant, vous trimerez sur vos deux compositions juridiques ; ensuite, durant trois heures, vous chercherez la vraie solution aux questions d'arithmétique et de géométrie qui vous seront posées ; enfin, pendant un temps égal et sans dictionnaire, vous ferez un thème anglais, puis une version.

Vous serez reçu ; car je ne doute pas de votre succès futur, et déjà je vous crie : Bravo ! La seule épreuve mathématique vous effraye bien un peu ; mais je vous dis tout bas qu'alors que les dissertations comptent pour vingt-quatre points, l'arithmétique, la géométrie et l'anglais par-dessus le marché, ne sont cotés que... six talents. Les pauvres !

Vous voici dans la place, voyons quel va être votre avenir.

STAGE. — D'abord vous vous engagerez d'honneur à servir, dans le corps de la marine, six ans à partir du jour de votre nomination au grade de commissaire de seconde classe.

Avant de pouvoir ambitionner ce grade, vous ferez une première année de stage avec le titre d'*élève-commissaire*, puis une seconde avec l'appellation plus sonore et déjà virile de *commissaire de troisième classe*; alors vous passerez votre dernier examen ; si vous êtes reçu, vous serez définitivement de la maison, autrement vous devrez prolonger votre stage jusqu'au succès.

Les années de stage elles-mêmes ne sont pas dures ; vous les passerez à *Brest*, et, — quoi qu'en disent certains Normands, — vous en garderez un excellent souvenir.

Le travail qui vous attend durant ces deux ans sera extrêmement doux : deux heures de cours au plus le matin, et, l'après-midi, deux ou trois heures de bureau, avec le devoir de vous initier au fonctionnement général de l'administration de la marine.

Vous serez choyé par vos anciens, pour lesquels vous serez le « fistot » ; vous ne connaîtrez point ce que c'est qu'une brimade ; dans vos chefs, vous trouverez des hommes distingués et du meilleur monde ; les officiers de la marine vous accueilleront avec beaucoup de sympathie ; la société brestoise vous recherchera,... trop peut-être.

Carrière. — Les années vont vite ; je vous vois déjà à la fin de votre séjour à Brest. Salut, monsieur le Commissaire ; maintenant qu'allez-vous devenir, et quelles seront vos occupations ?

Vous aurez à vous occuper du payement des troupes, de leur approvisionnement en vivres et habillements ; vous pourrez être attaché à une mission exploratrice, envoyé à l'étranger pour vous perfectionner dans la connaissance des langues ; à bord, vous pourrez être appelé à remplir les fonctions... d'officier de l'état civil [1].

---

[1] Avant un récent décret, les commissaires de la marine étaient chargés du service de l'inscription maritime ; par le fait

J'ajoute que si, au contact de nos officiers, votre bravoure vous incite aux hauts faits et aux actions d'éclat, peut-être qu'un débarquement de marins en une colonie révoltée vous fournira l'occasion de voir très jeune briller la croix sur votre poitrine. Cela s'est vu durant l'expédition du Tonkin et lors de l'exploration du Mékong par Garnier : l'un de ses compagnons n'était-il pas commissaire de la marine ?

Maintenant, voulez-vous connaître la hiérarchie à laquelle vous allez appartenir ? Je dresse, à votre usage, le petit tableau suivant :

Fonction.	Équivalence.
Commissaire de 3º classe.	Aspirant de 1ʳᵉ classe.
Commissaire de 2º classe.	Enseigne.
Commissaire de 1ʳᵉ classe.	Lieutenant de vaisseau.
Commissaire principal.	Capitaine de corvette.
Comm. en chef de 2º classe.	Capitaine de frégate.
Comm. en chef de 1ʳᵉ classe.	Capitaine de vaisseau.
Commissaire général.	Contre-amiral.
Inspecteur général.	Vice-amiral.

Votre amour des galons est-il satisfait ? A l'heure actuelle, il y a soixante-quinze commissaires de seconde classe, cent soixante de première classe, cinquante commissaires principaux, trente commissaires en chef, cinq commissaires généraux, et un inspecteur général.

Quant à votre traitement, vous gagnerez, au lende-

---

de cette suppression, le commissariat prend un caractère plus colonial, ce qui nous permet de l'étudier ici; mais pour beaucoup il a moins d'attrait.

main de votre premier examen, 1 728 francs ; deux ans après, vous aurez un traitement variant entre 2 664 et 3 240 francs, selon que vous servirez à terre, à la mer ou dans l'état-major ; comme commissaire de première classe, votre solde variera entre 3 240 et 5 220 francs, et cela d'après vos années de grade ; commissaire principal, votre maximum sera de 7 200 francs. Peut-être ne vous arrêterez-vous pas là ; mais, ne voulant pas vous leurrer d'espérance, j'arrête votre avancement au grade de commissaire principal.

Je fais d'ailleurs des souhaits pour que vous trompiez avantageusement mes prévisions, et que l'État vous verse un jour les 15 000 francs de traitement que reçoit l'inspecteur général.

Vous le voyez, cher ami, le commissariat de la marine pourrait être pour vous une situation honorable et conforme à vos goûts.

Je vous vois donc cet hiver à Paris ; vous m'y trouverez, heureux de vous accueillir et de vous présenter à mes amis de l'*Association catholique de la Jeunesse française*.

Par avance, croyez-le, nous vous ferons connaître les joies de la franche et chrétienne amitié que vous goûterez plus tard à Brest.

Amenez-nous aussi de vos amis, étudiants en droit ou étudiants en médecine. A la Réunion des Étudiants de la rue de Vaugirard et à la Réunion des Jeunes gens de la rue de Sèvres, on ne demande qu'une chose : être de vrais et fervents chrétiens.

Avouez-le, on a raison : que vaut une intimité qui n'a pas pour base la communauté de croyance et de pratique religieuse ?

Vous grossirez aussi la petite phalange d'élite des étudiants en droit de la Faculté libre ; si vous n'osez seul aller vous présenter à Mgr Péchenard, l'un de nous se fera un plaisir de vous conduire à lui.

A bientôt et à Dieu, cher ami, croyez à ma vive sympathie et à mon affectueux attachement.

CHAPITRE III

La Chine est à l'ordre du jour de l'actualité.

Hier, un corps expéditionnaire français entrait dans Pékin et délivrait les Légations assiégées.

Aujourd'hui, le monde colonial s'intéresse vivement à la construction du Transsibérien. Cette voie ferrée, par le débouché qu'elle crée, prépare une ère nouvelle dans les échanges entre l'Europe et l'Extrême-Orient.

L'heure est peut-être pour quelques-uns de s'établir en Chine ; mais il faut partir avec une situation assurée à l'avance.

L'*Administration des douanes chinoises*, pour quiconque peut y entrer, offre plus qu'une situation d'attente.

Elle comprend un double personnel :

1º Celui du service intérieur ou des bureaux ;

2º Celui du service extérieur, ou service actif.

Le personnel du service actif tient un rang assez inférieur ; toutefois, avec des protections, on peut passer du service extérieur au service des bureaux ; environ 5 %, arrivent à ce résultat.

Le service des bureaux est recruté à Londres, où il y a un secrétaire résidant chargé de cette besogne. C'est à lui qu'il faut faire sa demande, et c'est devant lui qu'on passe l'examen d'admission.

Le secrétaire actuel est *J. D. Campbell, Esq., Chinese Imperial maritime Customs, 8 Storey's gate, Saint-Jame's Park, London*. L'examen d'entrée peut être comparé au baccalauréat; il diffère cependant selon les candidats, qui choisissent d'ordinaire les matières sur lesquelles ils désirent être examinés.

Ce mode d'entrée est propre aux Anglais; pour les étrangers, les places sont généralement données, comme faveur diplomatique, par sir Robert Hart, directeur des douanes chinoises, ou même par M. Campbell.

Il est donc utile, sinon nécessaire, pour un Français, d'avoir des recommandations diplomatiques.

Il faut : savoir l'anglais;

N'avoir pas plus de vingt-deux ans.

A l'heure actuelle, sur trente-cinq commissaires, il y en a quatre Français.

Quant au service extérieur, il est recruté par les commissaires eux-mêmes. Sur huit cents employés que comprend le service des douanes chinoises, soixante présentement sont Français.

Les traitements sont les suivants :

Service des bureaux :		Solde annuelle :	
1er Commissaire . .	environ	50 000	francs.
2e Commissaire . .	»	35 000	»
Député-commissaire .	»	25 000	»
1er Assistant A. . .	»	20 000	»
1er Assistant B. . .	»	17 000	»
2e Assistant A. . .	»	15 000	»
2e Assistant B. . .	»	12 000	»

3ᵉ Assistant A . . .	environ	10 000	francs.
3ᵉ Assistant B . . .	»	8 500	»
4ᵉ Assistant A . . .	»	6 500	»
4ᵉ Assistant B . . .	»	4 500	»

Service actif :		Solde annuelle :	
Tidesurveyor . . .	environ	20 000	francs.
Assistant.	»	17 000	»
Examiner.	»	12 000	»
Assistant.	»	10 000	»
1 Class Tidewaster. .	»	10 000	»
2 » . .	»	8 500	»
3 » . .	»	6 500	»
4 » . .	»	4 500	»
Watche	»	2 250	»

En plus de la solde que nous venons d'indiquer, les douanes chinoises donnent à leur personnel une année de traitement tous les sept ans; cette gratification tient lieu de retraite.

Les employés des douanes obtiennent un congé en demi-solde de deux ans tous les cinq ans; toutefois, le premier congé ne s'obtient qu'après une période de sept années d'exercice.

Lorsqu'on est admis dans le personnel des douanes, 2 500 francs sont immédiatement remis pour les frais de voyage. Autrefois, cette somme était de 5 000 francs; or le voyage de France en Chine coûte environ 2 000 francs en première, les faux frais compris.

Les douanes chinoises sont, on le voit, une de ces carrières qui mènent à la colonisation, à condition d'en sortir.

DEUXIÈME SECTION

La Colonisation.

LA TUNISIE
LE TONKIN — MADAGASCAR
LE CANADA

CHAPITRE PREMIER

L'AGRICULTURE EN TUNISIE

A la fin du siècle dernier, un navire battu par la
tempête, à moitié désemparé, presque complètement
dépourvu de vivres, errant au caprice des flots sur
l'océan démonté, se trouva tout à coup en présence
d'une terre inconnue; on aborde. En quarante-huit
heures, grâce aux forêts jusqu'alors ignorées, on remplace les mâts brisés par la tempête; avec les plantes
textiles qui poussaient nombreuses non loin des côtes
on fabrique de nouveaux cordages, et bientôt le navire
reprend la haute mer, ses soutes étant insuffisantes
pour contenir les richesses recueillies.

Beaucoup d'entre nous ne voient-ils pas, sous cet
aspect trop favorable, les terres lointaines où la France
a planté son drapeau?

Sans réflexion et sans préparation, on part pour le
beau pays inconnu où nous attend la fortune, quitte

à revenir bientôt avec beaucoup de désillusions, et la bourse singulièrement allégée.

A l'heure actuelle, puisque la mode semble être à la colonisation, une fois de plus défions-nous de la mode.

Aussi, dans ces études, je veux m'astreindre à beaucoup de prudence, et me contenter de faire connaître aux jeunes amis qui me liront ce que j'entends dire autour de moi, que pour ma part je crois vrai.

Que mes lecteurs contrôlent mes renseignements, tel est mon premier conseil.

Parmi nos colonies, la Tunisie, à cause de sa proximité, de son climat, de sa richesse, mérite la première place.

La température y est suffisamment tempérée [1], sauf dans la région des oasis. Le Français n'a donc rien à souffrir du climat, surtout s'il se livre à l'agriculture, puisqu'alors il doit se fixer dans les régions les moins chaudes, où les pluies sont plus abondantes. A Tunis, la température est de 12° en hiver et de 26° en été; à Sousse, de 36° pendant la saison chaude et de 16° pendant la saison des pluies.

Le pays tunisien est vraiment salubre; le défrichement des terres n'y est pas une cause de mortalité.

Les saisons se succèdent régulièrement, mais avec des durées différentes de celles qui nous sont fami-

---

[1] La Tunisie comprend trois régions :

1° La *région nord,* partie la plus riche et la plus saine de la colonie;

2° La *région centrale,* où le manque d'eau ne permet pas toutes les cultures;

3° La *région saharienne,* où, sauf dans les endroits irrigués, toute entreprise agricole semble vouée à l'insuccès.

lières. Le printemps commence en mars et finit en mai ; l'été dure jusqu'en octobre ; décembre et janvier sont les seuls mois d'hiver. A cause de cette répartition des saisons, le travail au dehors est presque toujours facile. La coupe des foins se fait en avril ; on moissonne en mai et dans la première quinzaine de juin ; on peut ensemencer jusqu'au 15 décembre. Ainsi un laboureur peut parcourir une étendue deux fois plus grande que dans les pays froids, où la terre durcie par les gelées ou couverte de neige ne peut recevoir la charrue pendant de nombreuses semaines.

C'est dans sa partie nord que la Tunisie est vraiment agricole. Si mes lecteurs, futurs colons, veulent se rendre approximativement compte de la région dont je leur parle, qu'ils la supposent délimitée par une ligne idéale partant de Tébessa, en Algérie, pour aboutir près de la mer, à Sousse. Cette riche région comprend plus de quatre millions d'hectares.

Autrefois les difficultés d'acquisition étaient très grandes ; certaines coutumes indigènes assuraient aux parents du vendeur et aux voisins de l'immeuble aliéné un droit de préemption fort gênant pour l'acquéreur ; ce droit même découragea nos premiers colons. La loi du 1er juillet 1885 a eu pour objet d'écarter ces obstacles.

Depuis notre protectorat, on peut vraiment acquérir des immeubles en Tunisie. A la suite de notre corps d'occupation, nous avons implanté en quelque sorte la « transcription française », cette garantie de la propriété. Après les délais fixés, après l'accomplissement des formalités d'usage, les actes de propriété sont enregistrés par un conservateur *ad hoc ;* dès lors on

n'a plus à craindre la dépossession autrefois redou-
tée [1].

Ceci dit, comment devient-on propriétaire? à quelles
conditions? A titre onéreux. Alors qu'en Algérie l'État
accorde gratuitement ses concessions, en Tunisie les
terres s'achètent; cela présente un grand avantage.

Les colons tunisiens arrivent sur le sol qu'ils doivent
cultiver, ayant un certain capital à mettre en valeur;
ils sont décidés à lutter pour faire produire leur argent;
ils ne ressemblent pas à la majorité des émigrants : lie
des grandes villes, voyageurs errants, campant aujour-
d'hui en un endroit, puis le lendemain en un autre;
ils sont attachés à leur terre, à cette terre qu'ils ont
acquise de leurs propres deniers et qu'ils veulent voir
rapporter.

Le prix de la terre tunisienne a très notablement
augmenté depuis quelques années; aujourd'hui l'hectare vaut de soixante à soixante-dix francs pour les
terres non défrichées, de cent à trois cents francs pour
les terres défrichées.

Le payement des terres, acquises du gouvernement,
est soumis à certaines modalités très favorables; une
moitié du domaine se paye à l'entrée en jouissance;

---

[1] Une forme d'acquisition présente encore un caractère très
particulier. Il est des immeubles dont les revenus ont été
affectés par la piété musulmane à des fondations religieuses;
on les nomme *biens habous*. Longtemps inaliénables, ils
peuvent maintenant être acquis moyennant une rente perpé-
tuelle nommée *enzel*. L'avantage principal qu'offre ce contrat
à l'acheteur, est de ne pas aliéner en une seule fois la majeure
partie de ses capitaux; pour qu'une acquisition de ce genre
soit avantageuse, il faut que la rente d'enzel ne dépasse pas
l'intérêt de la somme qui aurait été consacrée à une acquisition
au comptant.

un troisième quart au bout de trois ans, et le reste du prix total à la fin de la quatrième année. Le crédit se fait sans intérêt, et si le payement est tout entier soldé dès la prise de possession, l'acquéreur jouit d'un escompte de dix pour cent.

J'emploie à dessein le mot de possession, car l'acheteur ne reçoit son titre définitif de propriété qu'au bout de deux ans, et s'il a satisfait à certaines conditions : construction de bâtiments sur la ferme, installation d'une famille sur le domaine.

Les demandes d'achats doivent être adressées à la *Direction de l'Agriculture, 23, rue d'Angleterre, Tunis.*

D'immenses terrains ont été vendus; d'autres sont encore sans propriétaires, notamment dans la région de Zaghouan et de Béjà.

En dehors des propriétés mises en vente par le Domaine, il en est d'autres dont les particuliers cherchent à se défaire; le prix en est plus élevé, mais les frais d'installation sont faits.

Comme exemple de propriété de ce genre, je citerai un domaine à proximité de Tunis, desservi par un chemin de fer, ayant cinquante hectares de vignes en plein rapport, cent trente autres hectares de terres cultivées, et dont le propriétaire a refusé deux cent mille francs.

Il est vrai que ce domaine comprend, en outre, une maison d'habitation, et qu'il est fort bien aménagé; mais quand même, le prix de l'hectare n'est plus celui des terres domaniales!

On connaît maintenant d'une façon générale la Tunisie du nord. Laissant de côté aujourd'hui la Tunisie

centrale, où l'on cultive surtout l'olivier[1] et l'oranger,
je voudrais pour un instant me mettre dans la situation d'un de ces jeunes hommes, comme il en est tant
à l'heure actuelle.

Je le suppose chrétien dans l'âme, fier de la tradition d'honneur des siens, actif et entreprenant, ayant
la haine des compromissions, et cependant ne voulant
pas descendre dans la hiérarchie sociale. Il veut se

---

[1] Avant l'occupation romaine, la culture de l'olivier était
inconnue dans le centre tunisien, et celui-ci était un vrai
désert; au 1er siècle, les Romains l'y introduisirent : le pays
devint très riche; au xie siècle, les Arabes conquérants détrui-
sirent l'œuvre de leurs devanciers : le pays redevint très
pauvre. Il nous faut revenir à la tradition romaine, on est
entré dans cette voie : des plantations d'oliviers ont été faites
dans les environs de Sfax et de Sousse; l'administration
domaniale vend dix francs l'hectare des terres propres à la culture que nous indiquons.

Lire sur la *Culture de l'olivier* les très intéressantes études
de MM. BOURDE et MINANGOIN. « Deux systèmes sont en
usage pour la mise en valeur des olivettes : la m'rharça et
l'exploitation directe. La *m'rharça* est une sorte de métayage
entre un propriétaire et un indigène; le propriétaire fournit à
l'indigène le terrain, et l'indigène donne son travail. Lorsque
les oliviers commencent à produire, ou plutôt lorsque les produits arrivent à payer les frais d'entretien, c'est-à-dire au
bout d'une dizaine d'années, le partage de l'olivette a lieu par
moitié. En dehors du terrain, le propriétaire fait à son m'rharçi
une avance d'argent en vue de lui permettre d'acheter les animaux de trait et le matériel nécessaire à l'exploitation du sol.
Cette avance lui est remboursée au moment du partage, soit
en argent, soit en nature, c'est-à-dire en oliviers pris sur la
part du m'rharçi. Ce système ne semble pas à conseiller. —
L'*exploitation directe* se fait au moyen d'un gérant installé sur
la propriété, et qui se charge, aux frais du propriétaire, du
défrichement, de la mise en culture et de la plantation des
oliviers. Ce gérant touche un traitement de cent cinquante à
deux cents francs par mois, et, après une période de dix ans,
il a droit au huitième ou au dixième de la surface plantée. »

créer une situation indépendante et libre, faire fructifier largement son argent, mener une vie active. Il ne craint pas non plus les lointaines entreprises et les initiatives neuves et hardies. Pour toute fortune il a cent mille francs de capital, c'est-à-dire trois mille francs de rente; sa misère sera à peine dorée s'il vit seul; s'il fonde une famille, il connaîtra la gêne toute son existence, et léguera la pauvreté à ses héritiers.

Pourquoi ce jeune homme ne tenterait-il pas de coloniser en Tunisie, pendant qu'il en est encore temps?

Au sortir du collège, il passera par une école d'agriculture, ou il ira faire de la pratique chez un cultivateur renommé. Si nous avions une école coloniale catholique, dans la vallée de la Medjerdah, par exemple, c'est là que je l'enverrais, car il s'exercerait à son labeur futur sur le théâtre même où s'écoulera sa vie; puis cette école serait la maison aimée où plus tard, aux heures pénibles, il viendrait chercher réconfort près de ses anciens maîtres.

Hélas! cette école n'existe pas; notre collégien fera donc le plus souvent son apprentissage en France; ensuite il ira juger par lui-même des cultures existantes en Tunisie; il verra les terres à acquérir, fera son choix, deviendra propriétaire. Assistons aux acquisitions de notre jeune colon, et pour cela ayons recours à l'expérience d'un colonisateur tunisien, M. Saurin.

Notre jeune homme, avons-nous dit, a cent mille francs à lui. Il achète deux cent cinquante hectares à cent cinquante francs l'un; cela lui occasionne une première dépense de trente-sept mille cinq cents francs.

Son domaine acquis, il le divise en cinq métairies, la petite agriculture rémunérant fort bien en Tunisie, et l'exploitation d'une ferme de cinquante hectares pouvant utiliser toute une famille ouvrière. L'aménagement de chacune de ses métairies, maison de ferme et bâtiments d'exploitation, lui coûte sept mille francs; soit, pour ses cinq métairies, une dépense nouvelle de trente-cinq mille francs.

Dans les étables, il faut des habitants; le prix du bétail n'est pas très élevé en Tunisie; il aura huit bœufs de labour [1], vingt vaches et dix génisses pour quatre mille francs; troisième dépense s'élevant pour les métairies à vingt mille francs.

L'année de son entrée en jouissance, il faudra encore que notre jeune propriétaire achète des semences, de la paille, des fourrages; cet achat absorbera ce qui lui reste de ses cent mille francs.

Mais à cela il n'y a pas d'inconvénients, puisqu'il va employer le métayage, et n'aura pas par conséquent à payer ses ouvriers, qui sont rétribués par une quote-part dans le bénéfice.

Ses ouvriers, il les aura recrutés sur place, et aussi parmi les catholiques populations de Bretagne et d'Auvergne. Comme il serait préférable que les gens de ces provinces pauvres, au lieu d'émigrer à Paris, suivent dans les colonies ceux qui étaient leurs maîtres au pays natal! ainsi les uns et les autres relèveraient leur situation, et emporteraient un peu avec eux de la patrie! Le village de là-bas porterait le nom du village laissé en France.

Mais que va rapporter chacune de nos cinq petites fermes? Vingt-cinq hectares sont consacrés aux

---

[1] Les bœufs seront avantageusement remplacés par des mulets.

céréales, et l'hectare de ces produits rapporte, en moyenne, cent vingt francs. Ici le bénéfice sera donc de trois mille francs.

Vingt-cinq hectares sont consacrés aux pâturages, et la vente des bestiaux élevés sur ces prairies rapportera environ douze cents francs.

Donc chaque ferme rapportera quatre mille deux cents francs; les cinq fermes, vingt et un mille francs; le propriétaire aura pour lui dix mille cinq cents francs, et chaque fermier environ deux mille francs. L'un de ces fermiers pourra de plus servir de domestique au jeune propriétaire; il va sans dire que, par la culture, le rendement des fermes deviendra supérieur à celui indiqué, et cela au bout de peu d'années. La culture de la vigne pourra aussi s'ajouter à la culture des céréales; cependant, à l'heure actuelle, il y a trop de vignobles, et par conséquent surproduction de vin.

Donc, voilà quelqu'un qui chez lui aurait eu trois mille francs de rentes, et auquel son expatriation vaut un revenu de plus de dix mille francs; de plus, c'est un grand propriétaire, ayant nombre d'hommes auxquels il commande, menant la vie au grand air, et trouvant une partie de sa subsistance dans ses produits. Quant au fermier, combien sa situation est meilleure aussi et plus indépendante que celle du modeste ouvrier rural!

Ces pensées, il me semble, méritent réflexion. Nous ne devons pas laisser les Siciliens s'implanter en Tunisie, car autrement cette riche colonie de l'avenir sera bientôt devenue italienne. Comme le Canada autrefois, la Tunisie aujourd'hui doit devenir une nouvelle France.

Il ne faut pas que les peuples en nous regardant disent que nous avons perdu notre vaillante ardeur d'autrefois, et que notre pays est en retard dans la marche du monde. Chaque jour l'Allemagne fait de nouveaux progrès coloniaux; ayons assez de l'ère des défaites!

Dans nos collèges libres, ce qu'on veut surtout former dans le jeune homme, c'est le caractère; or, aux colonies, c'est l'énergique vouloir qui seul assure le succès.

S'il m'est permis d'exprimer un vœu, j'ose souhaiter que nombreux soient les petits propriétaires français, qui, entraînant à leur suite des paysans de chez eux, aillent en Tunisie dépenser leur activité et leur vie. Ensemble ils bâtiront les églises des nouveaux villages, et les écoles se multiplieront dans la Régence. Quand il en sera ainsi, l'Église aura quelques chrétientés de plus, et la France une belle et riche colonie. Semblable résultat doit exciter les initiatives individuelles.

CHAPITRE II

Le 3 novembre 1902 s'est ouverte, à Hanoï[1], une Exposition générale des produits de l'Indo-Chine. La capitale du Tonkin transformée en un vaste chantier ; de magnifiques palais sortis de terre comme par enchantement ; un pont métallique de dix-huit cents mètres, mettant en communication les deux rives du fleuve Rouge ; le soir, des lampes à arc, projetant leur éclatante lumière sur la ville en construction ; les quais et les boulevards sillonnés par des tramways électriques, dont la marche silencieuse s'harmonise si bien avec le mystère des cités d'Orient : tel est le spectacle qui a ravi et étonné le voyageur.

En dehors de la ville régnait également une activité fiévreuse : la ligne d'Hanoï à Haï-Phong terminée, et, par elle, le commerce singulièrement facilité entre le

[1] Le 7 juin 1903, un terrible typhon a ravagé Hanoï. D'une lettre qui nous fut adressée de cette ville quelques jours après ce désastre, nous extrayons le passage suivant : « Plus un arbre debout, les réverbères cassés ou couchés comme des herbes, les toitures enlevées, toutes les maisons indigènes affaissées sur le sol, voilà ce que j'ai vu. »

centre du trafic et le port de débarquement; enfin, comme une espérance et une indication d'expansion coloniale, la gare du grand chemin de fer qui doit relier le Tonkin avec la Chine, en voie d'achèvement.

Voilà le cadre de l'Exposition.

Dans les vastes palais des rives du fleuve Rouge, le Delta avait envoyé ses nombreuses variétés de riz, les produits de la canne à sucre, du mûrier, du cotonnier; la région montagneuse avait exposé des spécimens de ses produits: tabac, café, indigo, maïs, thé, etc.; les forêts étaient représentées dans leurs essences rares : bois de rose, d'ébène et de santal. Pépites ou minerais d'or, d'argent, de fer, de houille, disaient la richesse du sous-sol indo-chinois. Enfin, quelques productions industrielles montraient que, si des tentatives ont été faites pour la mise en valeur des richesses naturelles, ces tentatives méritent d'être développées.

Ils ont donc été vivement intéressés, ceux qui, — profitant des facilités mises alors à leur disposition, — se sont rendus compte sur place de l'avenir réservé à notre grande colonie asiatique; mais forcément les visiteurs français de l'Exposition d'Hanoï furent peu nombreux.

Ici, nous placerons une critique à l'adresse de nos gouvernants. A l'exemple de la Belgique, qui organisa à Bruxelles, il y a quelques années, une vaste exposition de sa colonie du Congo, nous voudrions qu'à Paris même, tous les cinq ans, par exemple, il y eût successivement une Exposition de l'Indo-Chine, de la Tunisie, de Madagascar, pour ne citer que ces trois colonies.

L'Exposition coloniale de 1900 a été incomplète

parce que trop générale ; perdue elle-même au milieu de tant d'autres expositions, elle n'a que peu sollicité l'intérêt des visiteurs.

Ce que nous réclamerions d'une exposition coloniale, ce serait l'unité d'attrait et l'unité de documentation.

« Je rêve aller coloniser, ou bien simplement je suis indécis sur l'emploi de ma vie ; je sais qu'une Exposition tonkinoise est ouverte à Paris ; je la visite dans tous ses détails ; j'observe, puis je cherche éclaircissements et explications près d'hommes compétents ; je suis jeune, je suis entreprenant, je sens naître en moi la vocation coloniale. »

Semblables expositions ne seraient-elles pas plus profitables, plus morales, plus françaises que celles qui, avec un trou dans notre budget particulier, n'apportent souvent qu'une période de troubles dans la vie nationale ?

Quoi qu'il en soit, l'attention des esprits sérieux étant en ce moment portée du côté de l'Indo-Chine, je voudrais ici :

1º Étudier l'agriculture et l'industrie agricole du Tonkin ;

2º Fournir quelques renseignement généraux à nos amis, désireux d'aller s'établir dans cette colonie.

I

Le Riz. — Le Tonkin tire ses principaux revenus de l'exploitation de rizières, dont le plus grand nombre donne jusqu'à deux récoltes par an. Cette culture

occupe près d'un million d'hectares ; l'exportation annuelle de cette denrée se chiffrait récemment à quatre-
vingt-dix-huit millions de francs, et l'on estimait entre
cent cinquante et deux cents francs par hectare le
revenu net des rizières. Le riz doit donc rester la base
de la culture en Indo-Chine ; car, d'un excellent rapport,
son mode d'exploitation est également très familier aux
Annamites.

Ce que doit faire le Français, c'est perfectionner la
culture du riz et doter notre colonie d'industries agricoles. Dans le Delta, cultivé par l'Annamite, il doit
créer des usines pour le décortiquage et le blanchissage
du riz.

Je m'explique. Le riz se présente à nous en trois états
différents :

1º Le *paddy,* ou riz sortant du battage. Le grain est
encore enveloppé d'une balle très dure ;

2º Le *riz cargo,* c'est le riz imparfaitement décorti-
qué ; il contient encore une proportion plus ou moins
forte de paddy ; c'est sous cette forme qu'on l'expédie
en Europe ;

3º Le *riz apprêté,* c'est celui qui a subi les opérations délicates du blanchissage, du brossage et du gla-
çage.

Le Français, colon au Tonkin, doit nous donner le
riz sous cette troisième forme ; ainsi, il diminuera les
frais de transport et il ouvrira, à la denrée dont nous
parlons, des débouchés nouveaux. Dans une espèce
d'association entre l'Annamite et lui, il sera l'intelligence mettant en œuvre la passivité indigène.

Industriel dans la région du Delta, producteur dans
les autres régions, le Français demandera donc ses pre-

Ch. d'une car.   7

miers bénéfices à la culture du riz ; mais il devra cependant se garder de la monoculture. Je suppose un colon
qui dispose d'un capital de cent mille francs ; il devra
consacrer soixante mille francs à la culture du riz et
vingt mille francs à une autre culture : tabac, thé,
coton, suivant les régions.

Ses rizières lui rapporteront au minimum 20 p. cent
net, c'est-à-dire douze mille francs ; les autres cultures
qu'il a entreprises lui donneront aussi de beaux bénéfices, mais au bout de quelques années seulement.
D'ailleurs, il peut attendre.

Parlons maintenant des cultures secondaires.

LE CAFÉ. — Cette culture semble appelée à prospérer ;
s'il en est ainsi, elle assurera de larges bénéfices à ceux
qui l'entreprendront. Presque tous les pieds plantés
jusqu'à ce jour appartiennent à l'espèce « Liberia ».
Déjà plusieurs de nos compatriotes fournissent à notre
corps d'occupation presque tout le café qui lui est
nécessaire, et notre petit troupier préfère le « quart »
tonkinois au « petit noir » des casernes continentales ;
il est vrai qu'il n'est pas difficile !

LE THÉ. — Sa culture serait presque œuvre patriotique. A l'heure où Ceylan inonde notre marché de ses
produits, il est bon de rappeler que le thé indo-chinois
est supérieur à celui de l'île anglaise, soit comme teneur
en théine, soit comme délicatesse d'arome.

Ce qu'on peut reprocher au thé du Tonkin, c'est le
défaut de préparation. Créons donc, dans les régions
où le thé est déjà cultivé par les indigènes, des usines
à direction européenne.

Les régions auxquelles je fais allusion sont *les collines de Dong-Trieu* et le pays de *Loc-Nam*. Le grand marché de thé est à *Cat-Tru*. Des usines, construites dans la direction de *Hung-Hoa* ou de *Sontay*, seraient donc excellemment placées. — On estime que, pour une culture de cinquante hectares, il faut compter une mise de fonds de trente mille francs.

J'ajoute que le café et le thé de nos colonies jouissent, à l'entrée en France, de certains privilèges; privilèges encore insuffisants et qui seraient vite accrus si, dans les Chambres françaises, au lieu de coteries politiques, nous avions un parti colonial, un parti agraire vraiment organisés.

LA CANNE A SUCRE. — Jusqu'à présent cette culture ne tient qu'une petite place au Tonkin; et bien qu'elle semble y donner d'excellents résultats, beaucoup pensent qu'on ne doit pas trop l'y développer. La canne à sucre est la richesse de nos vieilles colonies; y donner une trop grande place dans nos nouvelles, ne serait-ce pas produire une surproduction et diminuer le cours existant? Toutefois il est permis de penser que d'importantes sociétés, cultivant elles-mêmes la canne à sucre, en raffinant les produits[1], pourraient tenter semblable entreprise.

Ce serait dans *les alluvions anciennes de la rivière Claire* ou dans *celles de la rivière Noire*, le *long enfin du fleuve Rouge,* que cette culture aurait le plus de chances de succès.

---

[1] Un arrêté récent a concédé le monopole de la raffinerie à une usine de Tourane; cette mesure provoque de vives réclamations.

LA BADIANE. — L'huile de badiane a été exportée, en 1900, pour une valeur estimée en douane à sept cent vingt-cinq mille francs, et on affirme que nos commerçants européens lui font faire connaissance, sur les bords ensoleillés de la Méditerranée, avec l'huile d'olive. Il y aurait donc à créer des huileries, auxquelles on adjoindrait des savonneries, pour l'utilisation des arachides.

LE BLÉ commence à être cultivé avec succès dans le Haut-Tonkin ; les haricots, les patates, les pommes de terre, toutes les plantes maraîchères d'Europe semblent fort bien s'acclimater.

A côté des *cultures alimentaires* dont nous venons de parler, nous devons faire place aux *cultures purement industrielles*.

LE TABAC. — Les indigènes consomment une grande quantité de tabac. Ils le cultivent en plantations éparses et de peu d'importance ; cette culture serait d'un rendement avantageux. Quelques Européens l'ont compris ; on a même installé à *Sontay* une fabrique de cigarettes et de tabac en paquets. Qu'on apprenne à l'Annamite à cultiver le tabac, que le Français en tire parti ; c'est toujours le même conseil que nous avons à donner pour chaque produit.

Le tabac qui sort des usines de Sontay provient de graines importées de la Havane il y a quelques années. Sa qualité est assez bonne, si j'en juge par le prix auquel ont été vendus les premiers échantillons expédiés à Singapour. Les cigares ont été payés de deux à quatre piastres le cent ; la piastre vaut environ 2 fr. 20 ; ce qui remet chaque cigare, suivant sa qualité, à cinq centimes ou dix centimes la pièce.

LA SOIE. — La soie du Tonkin n'a guère eu jusqu'ici qu'un emploi local, mais cela tient à la façon dont elle est travaillée ; en perfectionnant le dévidage, on arriverait à fournir une sérieuse production. Les résultats sont là pour confirmer ce que j'avance : les premières soies filées à l'européenne ont obtenu une médaille d'or à l'Exposition universelle de 1900, et elles ont été classées, par des experts en soie de Lyon, égales aux meilleures marques « Bengale's filatures ».

Déjà les Chinois avaient reconnu cette supériorité, en dirigeant sur leur marché de Hong-Kong de nombreux achats faits à l'usine de *Nam-Dinh*.

A la soie du Tonkin il y aurait donc de nombreux débouchés : marchés de Chine et du Japon, marchés même d'Europe. — On estime généralement qu'il y aura plus grand bénéfice à fournir à la métropole des soies grèges et non filées, qu'à les manufacturer sur place ; cette solution, d'ailleurs, conjure en partie le danger qu'il y aurait, pour nos industriels français, à voir se créer, au Tonkin même, une industrie produisant à bon marché, ayant une main-d'œuvre économique et la matière première sous la main.

D'ailleurs, si nos industriels français veulent conjurer davantage le péril qui les menace, qu'ils envoient dans nos colonies quelques-uns de leurs fils. Élevés à l'école de l'expérience, munis de capitaux, ceux-ci réussiront assurément au Tonkin ; l'œuvre par eux commencée sera achevée dans la manufacture française de leurs pères.

La « Mission lyonnaise » a indiqué cette voie.

Ce serait également une œuvre française, que de substituer les soies du Tonkin aux huit millions de kilogrammes que fournissent actuellement à notre marché la Chine et le Japon.

Le mûrier, qui sert à nourrir le ver à soie, est généralement le mûrier nain ; les rameaux, coupés chaque année au ras du sol, repoussent en branches très fournies à l'époque des pluies. Il y a cependant quelques mûriers arborescents, et on pourrait et devrait les multiplier. La culture du mûrier pourrait s'étendre, notamment, dans les provinces de *Bac-Ninh* et de *Thai-Nguyen*, et dans tout le Haut-Tonkin.

Le Coton. — Jusqu'ici, le coton tonkinois ne suffit même pas à l'industrie locale ; il y a donc, de ce côté, de sérieuses entreprises à tenter.

L'indigène, sous l'impulsion de l'Européen, sera employé dans des filatures et des tissages mécaniques.

On signale déjà trois entreprises de ce genre couronnées de succès, à *Haïphong*, à *Hanoï* et à *Nam-Dinh*.

Les filés d'Haïphong valaient, il y a quelques mois, quinze piastres la balle de cent quatre-vingts kilos, autrement dit environ trente-six francs ; mais la matière première était en partie fournie par le Cambodge, les Indes et les États-Unis. Le Tonkin, à lui seul, devrait alimenter les usines créées.

Exploitations forestières. — Il faut de gros capitaux, mais qui me paraissent d'une rémunération certaine, le bois se vendant fort cher. Il suffit de payer quatre-vingts piastres par an (cent quatre-vingts francs environ) pour avoir le droit de faire couper du bois par cinquante bûcherons dans la région que l'on veut, sans être le moins du monde propriétaire.

De cette première partie de notre étude se dégage la conclusion suivante : développer l'initiative chez l'Annamite, et travailler avec lui à doter le Tonkin d'une industrie vraiment active.

II

Nous connaissons quelles sont les ressources agricoles de notre grande colonie d'Indo-Chine. Nous avons maintenant à nous placer dans la situation d'un jeune homme qui voudrait en exploiter les richesses.

Le Voyage. — Les Messageries maritimes transportent les voyageurs de Marseille à Saïgon en vingt-cinq jours ; de là, une ligne annexe de paquebots conduit en trois jours à Haï-Phong, le port du Tonkin. Le prix du voyage, jusqu'à cette dernière escale, est de 1 715 francs en première classe, de 1 200 francs en deuxième classe, de 635 francs en troisième classe. Le prix du fret est de 50 à 55 francs la tonne.

Le ministre des colonies accorde des passages gratuits aux colons ; ceux-ci doivent alors justifier d'un emploi assuré dans la colonie ou avoir un capital de 5 000 francs, sages précautions que j'ai plaisir à signaler. Les demandes de transport gratuit doivent être adressées sur papier timbré à l'*Office colonial, galerie d'Orléans, Palais-Royal, Paris*. Le colon devra arriver de préférence en *octobre*, pour s'acclimater pendant l'hiver, qui est relativement salubre.

L'Arrivée [1]. — C'est là le moment le plus dur dans la vie du jeune colon. Dans un pays tout différent du sien, soit qu'il se fixe provisoirement à Haï-Phong, soit qu'il s'établisse à Hanoï [2], notre jeune compatriote a à lutter contre le climat et contre la civilisation qui l'entoure. Les dangers qui le menacent viennent autant et plus de l'Européen, fixé avant lui dans la colonie, que de l'indigène vers lequel il ne se sent pas d'abord attiré. Il doit avoir très fortement gravées au cœur les règles du Décalogue, et toujours présente à la mémoire la maxime de nos vieux colonisateurs : « Ici, tout excès se paye par la maladie, quelquefois par la mort. »

Pour ma part, je ne trouve rien de terrible comme ce premier isolement ; il me paraît capable de détourner beaucoup de jeunes gens de la colonisation.

Les Secours religieux. — Très riche par son martyrologe, illustré par ses grands évêques : Pigneau de Behaine et Puginier, le Tonkin est évangélisé par deux congrégations religieuses, les Pères français des Missions-Étrangères et les Pères espagnols Dominicains.

---

[1] Prix de pension dans un hôtel de premier ordre à Hanoï : grande chambre, cabinet de toilette, salle de douches ; trois repas par jour : 125 piastres par mois, soit 272 fr. 50.

[2] Le climat d'Hanoï est relativement sain : la température est élevée en été, mais il y a cinq mois d'hiver, du 15 septembre au 15 février, où le thermomètre marque de 12° à 17° avec un beau soleil et pas une goutte de pluie. Les Européens peuvent alors se retremper et se refaire complètement.

Le fleuve Rouge et la rivière Claire divisent les deux Missions.

Dans la mission française, il y a deux cent vingt mille chrétiens ; dans la mission espagnole, environ deux cent trente mille.

Dans le Delta, les centres religieux sont assez rapprochés ; il n'en est plus de même, hélas ! dans les régions montagneuses des frontières de Chine. Dans ces contrées, il y a beaucoup à faire pour le colon ; mais sa foi est peut-être plus en danger, à cause de l'éloignement des postes des missionnaires.

Hanoï est la résidence d'un vicaire apostolique de la Congrégation des Missions-Étrangères ; là, notre jeune colon pourra s'informer des ressources religieuses du pays.

L'Administration. — Le Tonkin fait partie du Gouvernement général d'Indo-Chine, et est administré par un résident supérieur, assisté d'un très nombreux personnel.

Un décret du 15 novembre 1900, et qu'on doit à M. Doumer, a réorganisé les quatre territoires militaires déjà existants.

Chacun de ces quatre territoires est divisé en cercles, dont l'administration est confiée à un officier supérieur, appelé commandant de cercle, et qui a les mêmes pouvoirs que le résident, chef de province.

Il y a donc au Tonkin, et des provinces pacifiées qu'administrent des fonctionnaires civils, et des provinces où règne une paix armée. Dans ces dernières, l'autorité militaire a besoin de se faire sentir.

Des forts ont été construits sur les frontières de

Chine, et depuis quelques années nous n'avons presque pas eu à souffrir d'incursions de Célestes, toujours dangereuses.

LE RÉGIME DES CONCESSIONS. — Deux catégories de terrains appartiennent à l'État :

1º Ceux dont le lotissement a été opéré, et qui ne sont pas encore concédés ;

2º Ceux dont le lotissement n'a pas été opéré, et qui n'ont pas de propriétaires indigènes.

Des premiers, la liste est déposée dans les bureaux des chefs de provinces et à la direction des affaires civiles à Hanoï ; là, on trouve indication de la situation, de la contenance, de la nature de ces terres. Les moyens de communication et les cultures possibles sont également mentionnées.

Pour occuper provisoirement les terrains de cette catégorie, il suffit de l'autorisation du chef de province, que confirme un arrêté de concession provisoire.

Pour les terrains non allotis, celui qui désire les occuper doit en faire le relevé et accompagner sa demande de documents explicatifs ; une enquête est faite par le résident ; celle-ci est publiée au *Journal officiel* de la colonie ; on procède à un affichage au chef-lieu de la province et dans les communes sur le territoire desquelles les terrains demandés sont situés. Les indigènes ont un mois pour faire connaître leurs réclamations ; si aucune opposition ne se produit, l'arrêté de concession provisoire est rendu dans les deux mois qui suivent.

Mais jusqu'ici, et dans les deux hypothèses que nous

avons étudiées, la concession n'est que provisoire;
quand deviendra-t-elle définitive?

Elle le deviendra sur la demande du concessionnaire,
au fur et à mesure de la mise en culture de sa concession. Tout arrêté doit cependant viser dix hectares au
minimum.

A l'expiration de la deuxième année de sa prise de
possession, le colon doit avoir mis en état de culture
au moins le cinquième de son faire-valoir; s'il ne l'a
pas fait, il encourt la déchéance immédiate pour toutes
les terres qu'il n'a pas encore cultivées; enfin, il est
dépossédé complètement de tous les terrains qui seraient
encore en friche au bout de cinq ans d'exploitation.

Pour encourager la mise en valeur du sol tonkinois,
les concessions de terrains ruraux sont exemptes de
l'impôt foncier pendant cinq ans.

L'un des rêves du gouverneur général et de la
Chambre d'agriculture de Hanoï, ce serait de faire
tracer le cadastre du Tonkin; mais les hommes et les
ressources manquent pour ce travail vraiment gigan-
tesque; il se fera d'ailleurs petit à petit, grâce aux con-
cessionnaires des terrains nouveaux.

Les Voies de communication. — Le grand effort de
M. Doumer a été de doter l'Indo-Chine, le Tonkin en
particulier, d'un vaste réseau de voies.de communication. Un emprunt de deux cents millions a été autorisé
à cet effet en 1898.

Déjà, dans le Delta, de nombreuses routes relient
entre eux les principaux centres; dans la région montagneuse, si les chemins sont plus rares, il en existe
néanmoins, et depuis 1896, près de mille kilomètres de

routes ont été construits et s'achèvent actuellement ; enfin, cent quatre-vingt-dix-huit ponts métalliques ont été jetés sur les rivières.

De nombreuses voies ferrées sont en construction ; la ligne *de Hanoï à Langson et à la frontière chinoise,* exploitée depuis 1894, entre *Phulang-Tuong et Langson,* a été inaugurée, dans son entier parcours, par le gouverneur général, le 15 juillet 1900 ; la ligne *de Hanoï à Nin-Binh* est également ouverte au public, et celle *de Hanoï à Laokay* transporte aussi régulièrement des voyageurs entre Hanoï et Viétry.

Enfin, il y a les voies fluviales, et notamment le *fleuve Rouge,* qui, soit par son cours principal, soit par ses affluents, permet de passer sans grosses difficultés du Delta aux plateaux, et réciproquement.

La Main-d'œuvre. — Il me reste à dire un mot de la main-d'œuvre annamite. A cause de l'esprit national et religieux du peuple auquel il a affaire, l'Européen devra plutôt recourir au travail familial ou individuel qu'au système des nombreuses équipes.

Un métayage sagement organisé, voilà donc le régime que devront implanter les agriculteurs français.

Pour certains travaux de longue durée, — exploitations forestières par exemple, — on fait appel à des équipes de coolies chinois, comme en France, en certaines régions, on a recours aux Belges ou aux Piémontais pour la moisson ou la récolte des betteraves.

Une question reste à nous poser : A l'heure actuelle, les Français comprennent-ils que l'Indo-Chine est notre grande colonie de l'avenir ?

Pour le Tonkin, avant 1896, quarante et une concessions seulement avaient été accordées ; cent cinquante-six nouvelles ont été sollicitées depuis.

Par une anomalie qu'on ne s'explique pas, le Tonkin, après plus de quinze ans d'occupation, n'est guère plus avancé au point de vue de la colonisation agricole que Madagascar, qui cependant lui est inférieur à presque tous les points de vue.

Il faut réagir contre cette tendance d'esprit ; c'est ce que nous avons essayé de faire, bien persuadé qu'il y a un sérieux avenir au Tonkin pour tout jeune homme qui, ayant au moins cinquante mille francs de capital, est entreprenant, intelligent, hardi et résolu à ne pas végéter dans les emplois subalternes d'un fonctionnarisme déjà trop encombré.

CHAPITRE III

MADAGASCAR[1]

SON AVENIR AGRICOLE ET INDUSTRIEL

Le 25 décembre 1672, dans une chapelle de la côte est de Madagascar, quelques soldats du corps expéditionnaire français assistaient à la messe de minuit. C'était une dernière messe; la veille, notre drapeau avait été amené, et les troupes du roi de France embarquées.

C'en était fait de l'œuvre apostolique des fils de saint Vincent de Paul, et des hardis essais de colonisation de Flacourt et de ses successeurs.

Cent soixante-dix ans s'écoulent. Pendant ce temps la France n'est représentée à Madagascar que par quelques aventuriers; c'est à peine si de loin en loin un missionnaire de l'île Bourbon ose s'aventurer sur les côtes inhospitalières de la grande île africaine.

Enfin l'année 1845 voit un missionnaire français re-

---

[1] Pour l'intelligence de cette étude, nous conseillons vivement à nos lecteurs de se procurer le petit *Atlas de Madagascar* des PP. Cadet et Thomas, édité chez Poussielgue. — Prix : 4 francs.

prendre l'œuvre d'évangélisation inaugurée deux siècles
plus tôt ; puis des comptoirs commerciaux sont fondés ;
MM. de Lastelle, Laborde, Lambert, se fixent à Madagascar, et, avec nos missionnaires, y préparent l'établissement de la domination française.

Cependant, durant toute la seconde moitié du
XIXe siècle, on se demande encore qui, de l'Angleterre
ou de la France, va acquérir une colonie nouvelle.

Grâce aux pionniers de la première heure, grâce
aussi aux généraux Duchesne, Metzinger et Voyron,
qui menèrent si énergiquement la campagne de 1895,
Madagascar est aujourd'hui française.

En ce commencement du XXe siècle, le voyageur qui
arrive à Tananarive est réjoui par une double vision.

Parmi les habitations qui s'étagent sur les collines
qui enserrent la capitale malgache, il voit d'abord une
église, c'est la cathédrale catholique ; puis il aperçoit
un immense palais au sommet duquel flotte le drapeau de la France, c'est la résidence du général
Galliéni, gouverneur de l'île.

Ainsi, après deux siècles de tentatives infructueuses,
nous voici les maîtres d'une terre depuis longtemps
convoitée.

Quel parti allons-nous tirer de notre nouveau domaine ? Telle est la question qui se pose à l'heure
actuelle. L'envisageant surtout au point de vue de nos
amis des collèges libres qui pensent à leur avenir, nous
nous demanderons avec eux :

I. — *Quelles seront les difficultés qu'aura à vaincre
un jeune homme désireux de s'établir à Madagascar ?
sur quels secours peut-il compter ?*

II. — *Quelles sont les cultures ou les industries*

à créer ou à développer dans notre colonie de l'océan Indien?

I

AVANT LE DÉPART. — CONDITIONS DE SUCCÈS. — Pour aller à Madagascar, il faut non seulement être jeune et robuste, mais encore disposer de certains capitaux et avoir un commencement de formation professionnelle.

Vingt-trois à vingt-sept ans, c'est l'âge normal pour émigrer. Cependant, à l'heure actuelle, à cause de notre loi de 1889 sur le recrutement, il est indispensable de quitter la France avant cette époque de complète formation.

Ne sont dispensés, en effet, de deux années de service militaire, que les jeunes gens qui sont déjà fixés aux colonies lors de leur appel sous les drapeaux.

Une réforme s'impose.

Voici un jeune homme qui, après une inscription dans une Faculté quelconque, promet d'affronter dans l'avenir les examens de licence ès sciences ou de licence ès lettres. Ce simple engagement le dispense pour l'heure de deux années de séjour à la caserne, et à vingt-six ans, s'il a tenu sa promesse, il est libéré de tout service militaire dans l'armée active.

Je me demande pourquoi semblable faveur ne serait pas accordée à tout jeune Français qui promettrait d'être établi dans l'une de nos colonies à ce même âge de vingt-six ans, et contracterait l'engagement d'y séjourner au moins dix années? Tient-il sa promesse, il est libéré; n'y est-il pas fidèle, deux années nouvelles de vie militaire l'attendent.

Cette assimilation introduite dans notre législation serait un excellent stimulant; plus de Français tenteraient de la colonisation; surtout nous ne verrions point revenir nombreux dans la métropole des jeunes gens qui, pour en être partis trop tôt, sans virilité et avant l'âge de la formation, n'ont trouvé aux colonies que ruine physique et morale.

Cette loi de 1889 est d'ailleurs pleine d'illogismes. Je suppose que vous vous fixiez avant dix-neuf ans dans un pays étranger hors d'Europe, vous serez légalement dispensé de tout service militaire; au contraire, avez-vous choisi pour vous y établir le Tonkin, Madagascar, la Tunisie, vous devez dès votre arrivée passer une année sous les drapeaux.

Cette anomalie explique que beaucoup de nos nationaux préfèrent émigrer aux États-Unis ou au Canada, plutôt que d'aller dépenser leur activité dans nos colonies; la France les en chasse par le régime de faveur qu'elle leur fait à l'étranger.

Quoi qu'il en soit, il faut bien nous placer sous notre régime législatif actuel. Le jeune colon de Madagascar devra donc partir à vingt ans.

Pour l'accueillir, je rêverais la création d'un Institut colonial [1] dans les environs de Tamatave, par exemple.

Au choix de cet emplacement, je verrais de multiples avantages :

1° Proximité du plus grand centre commercial, du port le plus fréquenté;

2° Facilités de relations très grandes avec la France

---

[1] Voir ce que nous entendons par un *Institut colonial,* au dernier chapitre de ce livre : *Vers l'avenir.*

et les différentes localités les plus importantes de l'ile : service de paquebots et services côtiers ; canal des Pangalanes, chemin de fer en construction ;

3° Nombreuses exploitations dans le voisinage, offrant aux élèves un vaste champ d'observation ; jardin d'essai de l'Ivoloina ;

4° Proximité de la forêt, qui en cet endroit est assez voisine de la côte, alors qu'ailleurs elle en est assez loin ; possibilité d'annexer une scierie à l'école ;

5° Facilités pour l'élevage ;

6° Terrain représentant bien par ses conditions d'irrigation, sa nature, la moyenne des terrains propres aux cultures tropicales ;

7° Fortes altitudes assez rapprochées du rivage et garantissant la salubrité.

Trois années d'école, une année de vie militaire, notre jeune colon a vingt-quatre ans ; il fera un stage chez un propriétaire depuis longtemps établi dans la colonie ; ainsi il complétera ses connaissances, et n'engagera pas trop vite ses capitaux dans l'enthousiasme d'un moment.

L'heure de travailler à son compte personnel est enfin arrivée. A Madagascar, un capital de trente-cinq mille à quarante mille francs est nécessaire pour un petit établissement ; un capital de cent cinquante mille à deux cent mille francs permet une belle entreprise. Rien n'est plus souhaitable que de voir plusieurs frères s'associer pour la mise en valeur d'une exploitation ; ainsi point d'isolement et une surveillance plus facile du personnel indigène.

Pour l'heure actuelle, on ne doit pas conseiller l'émigration aux travailleurs manuels. Quand des colons riches se seront établis nombreux dans la France du dehors, c'est alors seulement que les ouvriers pourront songer à émigrer.

Lors de la colonisation du Canada, nos paysans ne tentèrent point d'abord la fortune à leur compte personnel; ils ne partirent qu'à l'appel de leurs seigneurs, pour être des auxiliaires salariés; plus tard seulement, lorsqu'ils eurent réalisé des économies, ils songèrent eux-mêmes à être propriétaires.

Les ouvriers d'art : menuisiers, mécaniciens, etc., seront ceux qui devront les premiers partir; encore devront-ils attendre que des compagnies coloniales ou des colons riches les engagent à leur service.

J'ajoute qu'à moins de s'expatrier très jeune, et d'avoir l'intention de faire un long stage avant de s'établir, il est désirable que le colon parte de France ayant déjà en quelque sorte fixé son choix. Il sera agriculteur; l'exploitation des forêts sera son lot; il demandera aux mines les richesses qu'elles renferment, et déjà en France il se sera initié à l'agriculture; il aura travaillé dans une scierie, il aura séjourné dans une entreprise minière.

Ainsi le colon s'évitera des tâtonnements; il fera moins d'essais infructueux, il tirera meilleur parti de son entreprise; ayant moins de déboires premiers, il aura plus de chances de succès.

Préparé de cette sorte, notre moderne colonisateur devra encore mener à Madagascar une vie à tous les points de vue foncièrement chrétienne. « Là-bas, disait un jour un vétéran des colonies à un jeune homme qui lui demandait conseil, vous marcherez sur le trottoir ou vous serez dans le ruisseau; il n'y a pas de milieu, on est tout bon ou tout mauvais. Je vous conseille de rester sur le trottoir. Il vous en coûtera plus de courage et plus d'énergie que vous ne pensez, mais vous en aurez la récompense. »

Le Voyage. — Madagascar est desservie par trois compagnies françaises de navigation :

Les *Messageries maritimes;*

La *Compagnie Havraise péninsulaire;*

Les *Chargeurs réunis.*

De Marseille à Tamatave, la durée du voyage varie entre vingt et vingt-six jours.

Le prix de passage sur un paquebot des Messageries est de 1 075 francs en première, de 755 francs en seconde, et de 400 francs en troisième.

Deux courriers partent tous les mois de Marseille, l'un le 10, et l'autre le 25 ; il est préférable de prendre ce second courrier, qui opère la traversée en vingt jours seulement. Le bureau des Messageries est à Paris, 1, rue Vignon, et, à Marseille, 2, quai de la Joliette; il suffit d'en faire la demande pour recevoir aussitôt les horaires du voyage qu'on se propose d'entreprendre.

La Compagnie Havraise péninsulaire, qui, malgré son nom, n'admet de voyageurs qu'à partir de Marseille, transporte ses passagers pour la somme de 700 francs en première classe et de 425 francs en seconde; les bureaux de cette compagnie sont à Paris, 13, rue de la Grange-Batelière, et, au Havre, 26, place de l'Hôtel-de-Ville.

Quant à la Compagnie des Chargeurs réunis, elle ne transporte pas de voyageurs, mais des marchandises seulement; son siège est à Paris, 1, boulevard Malesherbes.

Je ne parlerai point ici des démarches à faire pour obtenir un passage gratuit; je suppose mes lecteurs plus qu'à même de supporter les frais du voyage. Je dois dire cependant, pour ceux qui désireraient jouir des faveurs de l'État, que les « émigrants » sont très mal vus de nos fonctionnaires et assez mal reçus par eux à leur débarquement. Aux colonies plus qu'ailleurs la boutade de Boileau est vraie : « Quiconque est riche est tout. » J'avoue que là cette boutade peut se justifier en partie par une nécessité de l'heure présente; ce qu'il faut, en effet, pour mettre en valeur notre domaine colonial, ce sont des capitaux et des intelligences.

Je conseille donc à nos amis de n'avoir recours au passage gratuit que pour les domestiques de France, qu'ils appelleront plus tard dans leur exploitation.

Les deux mois les plus favorables pour l'arrivée à Madagascar sont ceux de mai et de juin; c'est donc vers le début de notre printemps français que l'émigrant devra dire adieu à sa patrie.

Durant la traversée de la mer Rouge, une impression de découragement s'emparera peut-être du futur colon; une pensée incitera son courage : il est patriote, il sait que le canal de Suez qu'il vient de traverser, construit par des Français, voit passer beaucoup plus de navires anglais que de bâtiments portant notre drapeau. Eh bien! quand beaucoup auront suivi son exemple et se seront établis en Afrique ou en Indo-Chine, il n'en sera plus ainsi. Au passage, il salue Djibouti et la côte des Somalis. Enfin voici dans le lointain Madagascar, maintenant Tamatave est en vue ; c'est l'heure du débarquement ; une vie nouvelle va commencer.

Les Missionnaires. — La première visite du nouvel Africain sera pour la mission catholique. Après avoir salué le missionnaire qui l'accueillera, notre jeune ami dira à son interlocuteur : « J'ai été élevé dans tel collège dirigé par des prêtres ; je suis un pratiquant, et je veux le rester : on m'a dit qu'ici ce n'était pas toujours facile ; vous m'aiderez donc à demeurer honnête, car je veux être un de ces laïques chrétiens qui faciliteront votre apostolat. Comme il serait bien à vous de créer une maison qui nous reçoive à notre arrivée, et où nous puissions nous préparer à notre vie coloniale ! Des prêtres comme vous avaient notre confiance au collège ; ici, vous l'auriez également et davantage encore, puisque nous serons privés de toute affection familiale. »

Quand ce langage aura été tenu plusieurs fois à nos missionnaires, l'*Institut colonial* dont nous souhaitons la fondation sera bien près de naître.

Jusqu'en ces dernières années, la mission de Madagascar était exclusivement confiée aux *jésuites* français de la province de Toulouse. Les noms des Pères Roblet et Collin sont connus de tous ceux qui ont étudié tant soit peu la grande île africaine.

Tout le monde sait que c'est le Père Roblet qui a dressé la première carte vraiment scientifique de Madagascar ; que c'est lui qui, par son consciencieux labeur, a mis M. Grandidier à même de faire un travail complet sur la topographie de notre nouvelle possession.

Notre gouvernement lui-même, lors de la dernière campagne, a eu recours à l'expérience du Père Roblet. Pour le remercier de sa collaboration, il lui a donné la croix de la Légion d'honneur.

Le Père Collin est également très connu. Enfermé dans son observatoire d'Ambohidempona, reclus de la religion et de la science, saint homme et homme d'une humeur charmante, la visite d'un Européen le fait pleurer de joie, et chaque année ses observations météorologiques arrachent à une mort certaine des navigateurs qui, confiants en ses pronostics, restent au port, à l'heure du danger prochain qu'il leur signale.

Je ne peux non plus passer sous silence ce Père Bezim, enfermé au milieu des lépreux et, autre Damien, souhaitant que la lèpre le prenne bientôt lui-même, pour que la charité française se fasse plus généreuse en faveur de ses chers protégés.

L'évêque de Madagascar est Mgr Cazet. Il est dans l'île depuis 1864; ce pays est le sien; cette mission est son œuvre; il a soutenu des luttes demeurées célèbres contre la franc-maçonnerie; il a aujourd'hui comme coadjuteur Mgr de Saune, le premier évêque, ancien élève de l'École polytechnique.

Les Pères Jésuites de la province de Toulouse sont aidés maintenant par quelques-uns de leurs frères de la province de Champagne. A la tête de ceux-ci est le R. P. du Coëtlosquet, ancien recteur des collèges de Boulogne et de Dijon, qui, au lendemain de la tourmente dernière, arraché comme les autres jésuites aux collèges de France, est allé consacrer une ardeur qui ne s'éteindra jamais à l'apostolat des Malgaches. Je souhaite saluer un jour eu lui le futur recteur de l'Institut colonial de Madagascar.

Dans la mission des jésuites évangélisant un coin de leur territoire, se sont fixés quelques *Pères de la Salette*, exilés accueillis à bras ouverts par d'autres exilés.

La mission des jésuites (Madagascar central) s'étend entre le 18° et le 22°. Les principaux postes de missionnaires sont à *Tananarive*, résidence de l'évêque; à *Tamatave*, à *Ambohipo*, à *Fianarantsoa* et à *Betafo* (Pères de la Salette).

Depuis 1895, les *Lazaristes*, aumôniers, au xvi° siècle, de la Compagnie d'Orient, premiers apôtres de Madagascar, sont revenus dans le pays dont ils avaient autrefois commencé l'évangélisation; ils desservent le sud de l'île, le territoire compris entre le 22° et 26°. Les principaux postes des Lazaristes sont à *Fort-Dauphin*, résidence de l'évêque, et à *Faranfangana*.

Le vicariat de Madagascar nord, compris entre le 12° et le 18°, est desservi par les *Pères du Saint-Esprit* depuis 1898. Ces religieux sont établis à *Majunga*, résidence de l'évêque; à *Vohémar* et à *Analahna*.

Enfin, depuis quelques mois, de nouveaux bannis, les *Prémontrés*, desservent l'*île Sainte-Marie*.

Le colon devra, pour son établissement, choisir le voisinage d'un poste de missionnaires.

CLIMAT ET NATURE DU SOL. — Au point de vue du climat et de la salubrité, Madagascar comprend des *zones très différentes*. On peut dire toutefois, en généralisant, que s'il pleut presque continuellement sur la côte, et que si la chaleur y est écrasante, tout le reste de l'île connaît deux saisons assez bien déterminées : la *saison sèche* (avril à novembre), qui coïncide avec un abaissement de la température ; et la *saison pluvieuse* (novembre à avril), pendant laquelle la chaleur se fait plus rudement sentir ; l'été de chez nous est donc l'hiver de notre colonie, et réciproquement.

Janvier et février, les deux mois où la température est la moins élevée en France, sont les deux mois les plus chauds à Madagascar.

Toutefois, à la même époque (janvier, à l'ombre), le thermomètre marquera 23° sur les hauteurs, à Tananarive, par exemple, et 30° sur la côte, à Tamatave. Ces deux chiffres font voir très nettement qu'il existe bien deux zones climatériques dans l'île ; ils indiquent aussi au colon soucieux de sa santé qu'il serait bon qu'il commençât par séjourner quelque temps sur les plateaux, avant de venir se fixer d'une façon stable sur la côte ; il s'acclimaterait ainsi plus facilement et avec beaucoup moins de risques.

Au point de vue de la richesse du sol, des analyses chimiques faites en ces derniers temps par MM. Müntz et Rousseaux ont causé certaines désillusions. Le nord de l'île, sauf quelques vallées, doit être considéré comme assez stérile ; le centre, partie la plus peuplée et la plus saine, n'offre que des terrains de qualité très médiocre ; le sud est encore mal connu ; toutefois une mission scientifique, dirigée par M. Guillaume Grandidier, a visité cette région ; la côte Ouest comprend de riches vallées, et à côté de celles-ci des contrées sans avenir ; la côte Est est la région la plus fertile, mais aussi la plus malsaine ; on y compte plus de trois cents jours de pluies par an.

7*

TRAVAIL ET MAIN-D'ŒUVRE. — *De décembre à fin avril*, c'est le moment de la pleine activité agricole, car c'est alors seulement que l'eau tombe d'une façon régulière que les premiers ensemencements doivent être faits.

De mai à décembre, le colon a fait préparer les terrains à mettre en culture durant cette saison pluvieuse. Cela lui a été facile en mai, en juin, en juillet; le sol alors est encore imprégné d'eau, et par suite se laboure facilement. Août, septembre et octobre sont au contraire pour l'agriculteur des mois de repos forcé; malheur à celui qui a trop différé ses labours, car il lui sera très difficile, si ce n'est impossible, de les faire alors. Ces mois sont aussi funestes pour l'élevage du bétail, qui ne trouve presque rien à manger au dehors.

Si la température est souvent pour le colon un sujet de tristesse et de mécontentement, les difficultés que lui cause la main-d'œuvre ne sont pas non plus sans lui procurer de graves soucis.

De préférence, ce sera sur la côte Est que s'établira l'Européen. C'est la région la plus productive de l'île, avons-nous dit; mais là, le climat défend le travail à notre compatriote; plus qu'ailleurs il aura donc besoin d'auxiliaires pour le seconder dans son exploitation. Ces auxiliaires, il devra les demander à la population betsimisaraka, qui habite cette région de l'île. Relativement peu nombreux, doux et craintifs, les *Betsimisarakas* sont susceptibles de travail pourvu qu'on sache gagner leur confiance. Cette confiance, d'ailleurs, est facile à obtenir; pour cela, il suffit d'être juste envers eux et d'être fidèle aux promesses qu'on leur fait.

La zone ouest, où il y a beaucoup à entreprendre, est habitée par les *Sakalaves*. Ces indigènes se prêtent peu au travail; ils aiment le pillage, et on a besoin d'être sur ses gardes contre eux.

Le *Hova*, qui habite le plateau central, est le plus intelligent des indigènes de Madagascar. Longtemps il a été le souverain de l'île; il a l'habitude du commandement; il fera donc un excellent contremaître.

Le *Betsileo*, qui habite aussi les régions montagneuses du centre, sans valoir le Hova, est également très capable de rendre des services à nos compatriotes.

Dans tous les travaux où on emploiera l'indigène, il faudra user de préférence du travail *à la tâche,* les insulaires de Madagascar n'aimant pas être réglementés.

Régime des concessions. — Les *terres* du domaine, à Madagascar, peuvent être concédées par voie de vente à titre onéreux, à titre gratuit et par location.

Le prix de vente est encore fort peu élevé, et le colon qui veut se constituer un domaine important doit recourir à ce mode d'acquisition de la propriété, car les concessions gratuites ne dépassent jamais cent hectares.

Je ne dirai rien du titre de propriété d'abord provisoire, puis définitif, des formalités de l'immatriculation; de toutes ces choses j'ai parlé d'une façon assez complète dans une étude précédente; je signalerai simplement la facilité récente accordée à Madagascar, d'acquérir immédiatement un domaine, et sans conditions, moyennant un versement plus considérable que celui qui se fait d'ordinaire dans le cas de concession onéreuse à titre provisoire. D'ailleurs, on recourt peu à ce mode d'achat.

Les *concessions minières* et les *concessions forestières* sont soumises à un régime spécial.

Pour les mines, on doit d'abord obtenir un permis de recherche; celui-ci s'obtient moyennant une somme de 25 francs, et donne un droit de pratiquer des fouilles dans un certain périmètre. Après découverte d'un gisement, le service des mines établit les dimensions et le prix de location de l'exploitation nouvelle.

En principe, pour les forêts, des ventes de coupes annuelles devraient se faire par voie d'adjudication publique; plus souvent, la concession est faite pour un laps de temps déterminé, souvent cinq ans, de telle partie du domaine forestier, à un exploitant quelconque. Celui-ci est soumis à un cahier de charges et à une redevance, et souvent on lui renouvelle un marché.

A *Tamatave* et à *Majunga* existent des *Bureaux de renseignements sur la colonisation;* là le colon trouvera des indications très précieuses.

Voies de communication. — Jusqu'ici le grand obstacle à la colonisation à Madagascar était l'absence complète de voies de communication.

Avant 1896, aucune route n'existait dans l'île; les transports se faisaient à dos d'hommes, par des sentiers praticables aux seuls indigènes. Les Hovas avaient voulu qu'il en fût ainsi afin d'écarter les Européens.

Heureusement on peut espérer que bientôt, grâce à ses conquérants, notre nouvelle colonie aura toutes les voies de communication qu'ont les peuples civilisés; les *fleuves* seront rendus navigables dans la mesure du possible, et des services réguliers desserviront les localités placées sur leurs cours; des *routes* se créent, et bientôt la locomotive sillonnera l'île africaine; déjà un tronçon de chemin de fer existe!

Nous ne dénombrerons pas ici les voies de communication actuellement utilisables; cependant il nous semble bon d'indiquer les principales.

Sur la côte ouest, des fleuves importants sont en nombre assez considérable. Je signalerai entre tous le *Tsiribihina* et l'un de ses affluents, le *Mahajilo*.

La canonnière *Capitaine-Flayelle* assure un service régulier sur ce fleuve. Pendant la saison des hautes eaux, ce petit navire de guerre remonte jusqu'à environ cent soixante kilomètres à l'intérieur; à l'époque d'extrêmes et très rares sécheresses, il parcourt encore un espace d'environ soixante kilomètres.

Cette canonnière rend d'immenses services tant au point de vue de la surveillance des Sakalaves pillards et guerriers, qu'au point de vue du transport et du ravitaillement.

Cette région de la côte ouest est l'une de celles où les Européens devront se fixer. Lors du voyage qu'il a effectué dans l'île, le général Galliéni a eu à Tsimanandrafozana une entrevue avec les principaux chefs sakalaves. Ceux-ci lui ont fait beaucoup de promesses; espérons que cette contrée commence maintenant une période pacifique.

Les fleuves de la côte Est sont beaucoup moins navigables; c'est cependant ce mode de transport qu'on emploie en partie pour se mettre en relations avec le Betsileo. A Mananjary est le point de départ; la rivière sur laquelle se trouve ce port est assez profonde pour permettre à des bateaux d'un certain tonnage de remonter quelque peu vers le centre de l'île ; des pirogues peuvent ensuite parcourir encore une cinquantaine de kilomètres. De ce point extrême il faut cinq ou six jours de marche pour arriver à Fianarantsoa.

La côte Est est depuis peu de mois dotée d'un service régulier de navigation. La Compagnie des Chargeurs réunis dessert ainsi *Diego-Suarez, Vohémar, Maroantsetra, Fenerive, Tamatave, Andevorante, Vatomandry, Mananjary;* c'est là une facilité très grande pour les relations et le commerce.

Je signalerai une dernière voie fluviale : le *canal des Pangalanes.* A l'heure actuelle, il a été percé de *Ivondro* à *Andevorante,* et sera continué jusqu'à *Faranfangana.*

Depuis notre occupation, plusieurs routes terrestres ont été créées, deux déjà sont livrées à la circulation ; elles partent des deux principaux ports de la colonie, *Tamatave* et *Majunga,* et aboutissent à *Tananarive;* des services d'automobiles y fonctionnent plus ou moins bien, ces routes ayant été construites beaucoup trop hâtivement.

Lors de son dernier voyage à Paris, le général Galliéni a obtenu qu'un emprunt de soixante millions fût autorisé par les Chambres, pour hâter la construction de routes et de chemins de fer à Madagascar.

Une *voie ferrée,* qui reliera *Tananarive* à *Tamatave,* est en construction. On a procédé à l'ouverture des chantiers le 1er avril dernier, et une activité fébrile règne à Andevorante et à Tamatave ; presque toutes les races humaines coopèrent à ce travail : des Français le dirigent, des Betsimakras, des Chinois, des Indiens, des Italiens l'exécutent.

C'est bien l'heure, on le voit, d'arriver dans notre colonie et d'y prendre place, avant que les *terrains susceptibles de culture* n'aient trop augmenté de valeur.

II

Quelles sont les cultures et les industries à créer ou à développer à Madagascar? Voilà la question qui nous reste à étudier.

A AGRICULTURE

D'abord il nous faut reconnaître que les deux tiers de l'île malgache sont actuellement impropres à une culture rémunératrice : le sol en est argileux, extrêmement pauvre ; la chaux, la potasse, les principes fertilisants y font défaut. Ces contrées n'attireront pas le colon ; il s'y fixera seulement le jour où les terres riches seront toutes mises en culture, le jour où des capitaux déjà acquis lui permettront d'améliorer chimiquement les terrains qu'il avait d'abord dédaignés. Le rôle de l'État doit être différent ; dès maintenant il importe qu'il étudie dans ses Jardins d'essais les moyens à employer pour féconder les terres peu fertiles de l'Émyrne et du Betsiléo. En effet, par une coïncidence fâcheuse, c'est là où nous avons établi d'abord le centre de notre domination, là où le pays est le plus sain, et où nous trouverions dans les Hovas des auxiliaires précieux, qu'il y a aussi le moins de chances de succès pour les entreprises agricoles.

Tandis que l'administration cherchera donc, dans la mesure du possible, à préparer l'avenir, le colon, qui doit aller tout de suite au but pratique, se mettra à la recherche des terres noires et alluvionnaires ; — encore que ces terres soient moins nombreuses qu'on ne l'imagine, les champs fertiles qui attendent leur exploitant ne font pas actuellement défaut à Madagascar.

Un voyage dans l'île, des informations prises aux bureaux de colonisation, un appel à l'expérience des missionnaires, faciliteront au colon le choix de son établissement.

Pour ma part, j'ai entendu signaler notamment comme devant attirer l'attention des émigrants agricoles : les *vallées du Loky*, du *Sambirano*, de l'*Ifasy*, au pays sakalave ; les *provinces de l'Anativolo* et de l'*An-Davaka-Sakay*, aux portes mêmes de l'Émyrne ; enfin, sur la côte Est, quelques concessions sont encore inoccupées ; celles-ci, hélas ! vont se faire de plus en plus rares ; car l'administration les donne avec une prodigalité vraiment effrayante. Ainsi, récemment, un de nos compatriotes obtenait à lui seul une concession de vingt-cinq mille hectares. En procédant ainsi, notre gouvernement mettra le colon futur dans la nécessité d'acheter à de premiers possesseurs et à un prix relativement élevé des terres qu'il aurait eues à un meilleur compte s'il avait pu s'adresser directement à l'État.

Un obstacle encore à la colonisation, c'est le manque de sécurité du pays sakalave, où la pacification est plus apparente que réelle. Quoi qu'il en soit, et sans insister davantage sur la question locale de l'installation, voyons les cultures qui doivent être créées dans la partie de Madagascar qui, dès maintenant, est susceptible d'exploitation. Ces cultures, nous les grouperons sous deux titres : Cultures alimentaires et Cultures industrielles.

a) *Cultures alimentaires.*

Le Riz. — La culture du riz est de beaucoup la plus répandue à Madagascar; on y compte plus de vingt-deux variétés de ce produit; c'est la base de l'alimentation indigène; ce serait aussi un article d'exportation rémunérateur. D'anciens lacs desséchés, aujourd'hui marais sans culture, pourraient devenir de superbes rizières en certaines contrées des hauts plateaux. Déjà la plaine de Betsimitatatra, qui entoure Tananarive au nord, à l'ouest et au sud, renferme les plus belles rizières de l'île ; le Betsiléo produit une récolte annuelle de riz de près de deux millions cinq cent mille hecto-litres. Le *cercle d'Analalava,* voisin de la province de Majunga, semble tout désigné pour la création de rizières, ainsi que celui de *Betafo.* Le gouvernement a créé, dans cette dernière région trop abandonnée depuis plus de vingt ans, un certain nombre de villages pour remédier à l'absence de main-d'œuvre.

Sans donner une foi entière aux statistiques, on peut cependant affirmer que la récolte d'un hectare de rizière rapporte normalement quatre cents francs; les frais d'exploitation sont de près de deux cents francs. C'est là, on le voit, une culture rémunératrice, et d'autant plus facile que les indigènes y sont habitués.

Pour être vrai, je dois ajouter qu'une trop grande

sécheresse peut compromettre la récolte du riz ; il en a été malheureusement ainsi il y a deux ans.

La Vanille. — C'est dans la région du Nord-Ouest et sur la côte Est que la vanille devra surtout être cultivée. Le vanillier ne rapporte guère avant quatre ou cinq ans de plantation ; il faut donc avoir un capital d'attente pour se livrer à cette culture. Le vanillier, pour prospérer, réclame des terreaux très riches et très profonds ; ceux-ci, nous l'avons déjà dit, n'abondent pas à Madagascar. En douze ou treize ans, le sol d'une plantation de ce genre est épuisé. Quoi qu'il en soit, la culture de la vanille réussit très bien en certaines régions de notre nouvelle colonie, de très belles plantations sont là pour l'attester. Je citerai, au sud de la province de *Vohemar*, une plantation de près de quatre-vingt mille pieds ; d'autres à *Fenerive* et à *Andevorante*.

Un colon m'affirme qu'une plantation de vanille qui lui a coûté huit mille cinq cents francs lui rapporte annuellement plus de quinze mille francs, et son exploitation n'est pas encore en pleine valeur.

Le Café, à raison du voisinage de l'île Bourbon, est une des cultures tropicales qui ont été d'abord expérimentées à Madagascar ; c'est aussi l'une de celles qui ont eu le moins de succès. Le caféier a une racine fort longue ; aussi arrive-t-il bien vite à percer la couche d'humus peu profonde du sol malgache, dès lors il dépérit.

Des différentes variétés de café, le *Libéria* semble la seule qui puisse prospérer à Madagascar, et encore sur les côtes seulement : les produits qu'on a obtenus jusqu'ici ont été assez médiocres.

De nouvelles tentatives seraient cependant à essayer; car alors qu'il est imp rté en France, chaque année, soixante-cinq millions de kilogrammes de café, représentant une valeur de cent soixante-quinze millions de francs, nos colonies ne nous envoient que sept cent soixante-cinq mille kilos, soit pour une somme de deux millions de francs seulement.

Le Cacao. — Cette culture a été récemment introduite à Madagascar; c'est surtout sur la côte Est d'Antongil à Mananjary qu'on a planté des cacaoyers; ceux-ci sont en plein rapport après une dizaine d'années de plantation. On estime qu'avant de rémunérer son propriétaire, un hectare de cacaoyers a coûté près de trois mille francs; après la longue attente que nous avons indiquée, le propriétaire tirera de son champ un revenu annuel d'environ quinze cents francs.

Le Thé. — La culture de ce produit est à tenter à Madagascar. Le thé ne réclame pas une terre très riche; il pourrait donc, semble-t-il, être cultivé avec succès en *Émyrne* et en *Betsiléo*. Un hectare peut fournir de cent à deux cents kilos de thé préparé; celui-ci se rapproche beaucoup du thé de Chine. Le théier atteint sa pleine croissance après huit ou dix ans de plantation, mais il rapporte dès sa quatrième année.

Il est à souhaiter que le thé du Tonkin et de Madagascar entre en sérieuse concurrence sur le marché français avec le thé de Ceylan; il a sur celui-ci l'avantage de jouir, à son entrée en France, d'une détaxe de 50 %.

La préparation commerciale du thé réclamerait, à Madagascar, un outillage moderne.

LA CANNE A SUCRE. — Les beaux jours de ce produit semblent passés dans le monde entier : la betterave a vaincu la canne à sucre ; pour Madagascar, cela est malheureux. La canne à sucre réussit en effet fort bien dans le Betsiléo et dans le pays sakalave, et mieux encore sous le climat humide et chaud de la *région côtière*.

On procède à la première coupe après dix-huit mois de plantation, et après quatre ou cinq coupes les pieds doivent être renouvelés.

Les frais de plantation et d'entretien d'un hectare de cannes à sucre, jusqu'à la première coupe, peuvent se chiffrer à environ six cents francs ; le rendement sera approximativement de trois mille cinq cents kilos de sucre, dont les mélasses fourniront à la distillation environ trois cent cinquante litres de rhum.

GIROFLIER. — Cet arbuste, qui est en plein rapport à sa sixième année de plantation, est très cultivé à l'île Sainte-Marie ; il réussirait assurément sur la côte qui borde la *baie d'Antongil* et dans l'*île Marosy*, située au fond de cette baie, île d'une salubrité exceptionnelle et contrastant par cela même avec les régions côtières voisines.

LE POIVRE. — Il existe des poivriers à l'état sauvage dans les forêts de Madagascar ; cette culture est à introduire sur la côte Est, et l'essai vaut d'être tenté.

La culture de la *vigne*, nouvellement implantée, ne

semble pas devoir être développée, à cause des variations de température qui souvent empêchent la maturité normale du raisin.

Me résumant, je dirai que les deux cultures alimentaires qui incontestablement sont rémunératrices à Madagascar, sont celles du riz et de la vanille ; pour les autres, elles n'ont pas suffisamment fait leurs preuves. C'est au colon de tenter de modestes essais, et, après de premiers résultats, de voir s'il doit les généraliser.

b) *Cultures industrielles.*

Le Caoutchouc. — Ce produit a sensiblement augmenté de valeur, en ces dernières années, sur le marché du monde. Grâce à ses propriétés d'élasticité et d'imperméabilité, on l'emploie comme enveloppe protectrice des grands câbles sous-marins et comme isolant des fils téléphoniques. On en garnit les roues des bicyclettes et des voitures. Aussi, successivement, le prix du kilo de caoutchouc est passé de cinq à dix francs, puis a doublé.

Il existe, à Madagascar, des lianes à caoutchouc ; les indigènes, malheureusement, leur font une guerre acharnée, guerre qui leur rapporte, puisqu'en une de ces dernières années Madagascar a exporté pour deux millions cent cinquante mille francs de caoutchouc.

Ces lianes sont encore cependant en abondance sur la côte Ouest ; mais elles sont disséminées dans les forêts. Il faudrait en arrêter la dévastation par les indigènes ; il faudrait aussi que le colon, dès son arrivée, procédât à des semis, se résignant à attendre cinq ou six ans la récolte.

Un essai récent est fait cependant pour inquiéter un peu sur une production rationnelle du caoutchouc à Madagascar.

On avait importé au Jardin d'essai de Fort-Dauphin une espèce étrangère : les créaras du Brésil ; ceux-ci avaient admirablement poussé ; mais à la récolte on s'est aperçu que leur transplantation à Madagascar leur avait fait perdre la faculté de donner du caoutchouc. C'est donc très vraisemblablement par bouturage, et en faisant une sélection parmi les quatre-vingt-dix sortes de lianes à caoutchouc qui existent à Madagascar, qu'on pourra redoter notre colonie d'une richesse qui lui était naturelle. Je note, en passant, qu'il y a des *lianes* à caoutchouc et des *arbres* à caoutchouc ; ceux-ci sont plus rares, à Madagascar, que celles-là.

Le Coton. — Ce produit existe, à l'état sauvage, dans l'île. Comme il est trop court pour être manufacturé, il faudrait implanter, sur la terre malgache, une espèce étrangère : la côte *Ouest,* où le régime des pluies est assez bien établi, semble indiquée pour cette culture. — Il y a là une entreprise à tenter, pour un colon disposant de capitaux et estimant que les novateurs, plus que les autres, ont chance de faire fortune hors de France.

La Soie. — Sur les plateaux de l'*Émyrne* et du *Betsiléo,* où souvent le colon se demande avec inquiétude l'entreprise qu'il pourra tenter avec chances de succès, il est un arbre qui semble se contenter de la pauvreté du sol : c'est le *mûrier ;* il faudrait donc en planter en grand nombre et développer l'industrie séricicole, que pratiquent déjà les indigènes.

Le général Galliéni, pour encourager dans cette voie, a pris un arrêté créant une magnanerie modèle et des champs d'expérience pour la culture du mûrier.

Souhaitons que cette initiative soit suivie, et qu'à Madagascar nous voyions se produire une révolution économique dans le genre de celle qui s'est passée il y a quelques années au Japon. Le gouvernement du Mikado prit alors une série de mesures pour favoriser l'industrie séricicole ; ces mesures eurent immédiatement leur résultat : la production de la soie a triplé au Japon dans le court espace de cinq ans, et chaque année quarante millions de francs sortent de notre pays pour aller enrichir un peuple étranger. A ce point de vue, la France, à l'heure actuelle, est tributaire de l'Extrême-Orient pour plus de deux cent cinquante-huit millions par an. — Ne devrions-nous pas essayer, par nos colonies, de mettre fin à ce tribut forcé ?

Le Tabac. — Cette culture, pratiquée rationnellement, pourrait aussi devenir rémunératrice si des procédés de préparation la complétaient.

A Madagascar, le caoutchouc, le coton et le tabac sont donc les trois cultures industrielles qu'il faudrait surtout développer. Diriger vers ces cultures sera le rôle du « Service agricole » qui bientôt sera fixé à Tamatave, le rôle aussi de la Chambre d'agriculture qu'il est question de fonder dans cette même ville.

B. — Élevage

L'élevage peut et doit être une richesse pour Madagascar. Déjà on évalue à huit ou neuf mille têtes la quantité de bétail exporté chaque année sur la côte d'Afrique. La guerre du Transvaal, qui a arrêté toute vie économique en ce malheureux pays, a encore augmenté l'exportation de notre colonie.

Les zones qui se prêtent le mieux à l'élevage sont les régions de l'*Ouest* et certaines contrées du *Nord;* là notamment, la *presqu'île d'Ambre* et la *province de Vohémar* [1]. Sur la côte Ouest il y a, dans les environs de *Tuléar*, d'assez beaux pâturages.

L'élevage portera surtout sur les bœufs, les chevaux et les moutons.

Bœufs. — Il existe dans l'île une race-type de ces animaux : le bœuf à bosse ou *zébu;* il s'achète de cen[t] à cent vingt-cinq francs, et on peut espérer le vendre, sur la côte orientale d'Afrique, entre deux cent vingt-cinq et deux cent cinquante francs.

A l'heure actuelle, une épidémie sévit sur les bœufs à Madagascar; on se demande si ce n'est pas le charbon. Les indigènes désignent sous le nom de *tomboka* le mal dont périssent leurs bestiaux; ce mal revêt le caractère épizootique, et il fait des victimes dans toutes les régions de grands pâturages telles que le *Mandridrano*, les contreforts de l'*Ankaratra*, les plaines de la *Betsiboka* et de la *Mahajamba*.

Si, comme tout donne lieu de le croire, l'épidémie que je signale est le charbon, le remède existe; — on sait, en effet, que l'Institut Pasteur a découvert le

---

[1] La province de Vohémar offrirait toutes les chances de succès pour l'élevage et les cultures coloniales; malheureusement elle est visitée tous les ans par des cyclones d'une violence inouïe.

sérum anticharbonneux ; — mais, pour appliquer le remède, il faudrait des médecins, et les vétérinaires manquent presque complètement à Madagascar.

Aussi, dans un discours récent qu'il prononçait le 15 août dernier, à Fort-Dauphin, le général Galliéni réclamait pour la colonie la venue de *médecins-vétérinaires* français ; il leur promettait son appui et un avenir assuré.

Que si cette étude tombait par hasard sous les yeux d'un élève des Écoles d'Alfort, de Lyon ou de Toulouse, je souhaite que ce soit pour lui la révélation de la voie à suivre.

Une des causes d'insuccès de l'éleveur indigène, c'est qu'il ne fait point de provisions de fourrages pour la saison sèche ; aussi je me demande si certaines plantes fourragères européennes ne seraient pas à introduire dans notre colonie.

CHEVAUX. — Madagascar a également sa race chevaline qui lui est propre ; petits et courageux, les chevaux malgaches sont en très petit nombre. On en compte huit cents environ dans toute la région des plateaux. Le cheval indigène se vend de cinq à six cents francs. — L'élevage de ces animaux serait à développer, car ils seront beaucoup plus recherchés qu'à l'heure présente, le jour prochain où on aura multiplié les voies de communication. Les chevaux malgaches seront capables, en effet, de fournir des routes longues et difficiles, et combien on les préférera à la « filanzane » légendaire et fatigante !

MOUTONS. — Les moutons à grosse queue, qu'on ren-

contre en grand nombre dans l'Émyrne et dans le Betsiléo, sont de race très inférieure tant au point de vue
lainage qu'au point de vue boucherie; il faudrait améliorer la race, et pour cela il serait bon, par exemple,
d'introduire à Madagascar les moutons de Queensland
(Australie).

C. — Industrie

Si les indigènes sont, en une certaine mesure, agriculteurs, éleveurs, c'est aux Européens qu'il appartient
à l'heure actuelle de développer l'industrie à Madagascar. Les Hovas, d'ailleurs, leur deviendront bientôt de
précieux auxiliaires. L'enseignement professionnel se
développe dans l'île; l'initiative en est venue des frères
coadjuteurs de la Compagnie de Jésus, qui eux-mêmes,
continuellement aux prises avec les difficultés de la vie,
sont devenus d'abord des artisans habiles, puis des
maîtres dans l'enseignement des arts manuels. Les missionnaires sauvent les âmes, élèvent les esprits; les
frères donnent aux nouveaux convertis une science
technique capable de les mettre à même de gagner hon-
nêtement leur vie par un travail rémunérateur.

Déjà de jeunes Hovas s'exercent à filer la soie avec
des métiers européens, s'initient aux travaux de la cor-
roierie et de la tannerie, travaillent les métaux ou bien
encore le bois, la terre glaise. Voilà les futurs contremaîtres des industries à créer, les compagnons et les
auxiliaires des élèves des Instituts coloniaux de l'avenir.

Faisons maintenant une rapide revision des industries susceptibles d'être tentées à Madagascar.

Industrie minière. — Il existe, à Madagascar, des gisements aurifères ; les alluvions contiennent de la *poussière d'or ;* mais, pour la recueillir, les frais sont tels, qu'on se demande si l'entreprise vaut d'être tentée. Cependant l'attirance vers les métaux précieux est telle, que chaque année les recherches se multiplient et que les exploitations deviennent plus nombreuses. Un nouveau gisement, celui de l'*Ampasaray,* a augmenté dans une proportion très considérable l'exportation aurifère. Alors qu'en 1898 la valeur d'or sorti de Madagascar se chiffrait à trois cent trente-huit mille francs, en 1900 c'est plus de trois millions du précieux métal qui ont été extraits de l'île. De nouveaux gisements ont été découverts dans l'est ; ils paraissent former une ligne, encore peu définie, parallèle à la côte : *Fanantara, Sakaleona,* certains affluents du *Mangoro,* région de l'*Ambatomiana* ou *Farmibany ;* au nord d'*Ampasimbé* (sur la route de Tamatave), une partie du *Maningory,* et peut-être la région de l'*Antanambalana* (nordouest de Maroantsetra).

Les gisements de l'Ampasaray, qui sont les plus riches en poussière d'or, donnent une moyenne de huit grammes par mètre cube d'alluvion ; et, commercialement parlant, le gramme d'or vaut 2 fr. 70.

On rencontre aussi du minerai de *fer* à Madagascar ; jusqu'ici son exploitation a été bornée aux besoins des indigènes. — L'importation fournit ce métal pour la construction européenne ; il est à souhaiter que cet état de choses se modifie ; il y a là une question intéressante à étudier pour des métallurgistes. Un obstacle sérieux réside dans l'absence de combustible pour l'alimentation des hauts-fourneaux ; il faudrait recourir au chauffage au bois, le charbon minéral ne se rencontrant pas à proximité des gisements actuellement exploités. A la veille de la construction de chemins de fer, de ponts métalliques à Madagascar, la question que je pose doit solliciter l'attention des ingénieurs.

On signale aussi certains gisements de *plomb*, de *cuivre*. Enfin, on trouve à Madagascar de nombreuses *pierres précieuses*, notamment des grenats et des saphirs.

INDUSTRIE FORESTIÈRE. — C'est assurément l'industrie qui est actuellement la plus développée à Madagascar, celle aussi qui doit recevoir encore le plus d'extension. On importe au Natal des planches et des madriers de Scandinavie : il ne faut plus qu'il en soit ainsi. D'un autre côté notre colonie, pour son chemin de fer, aura besoin de millions de traverses ; il faut que ce soient ses forêts qui les lui fournissent. Le bois ne manque pas à Madagascar, et si on a trop déboisé le Betsiléo et l'Émyrne, il est encore des réserves de richesses forestières dans tout le reste de l'île.

A l'exemple de l'intelligent propriétaire du domaine de Croix-Valon, dotons notre colonie de *scieries mécaniques*. Les bois précieux, comme le palissandre, par exemple, seront exportés en Europe ; les autres bois seront employés pour la construction.

De préférence, à cause de la difficulté présente des transports, on exploitera les régions forestières voisines de la mer ou des fleuves navigables ; agir autrement serait faire fausse route[1].

---

[1] Autrement il arrive qu'on se lance, sur la foi d'autrui, dans une voie qui ne peut aboutir : on a une splendide concession

Viandes conservées. — L'Australie et la Plata expédient en Europe, chaque année, pour des sommes considérables de viandes conservées; Madagascar doit maintenant leur faire concurrence. Des établissements doivent être créés dans notre nouvelle colonie pour la préparation de salaisons de viande; des extraits dans le genre de ceux de la maison Liebig doivent être faits à Madagascar. Des entreprises de ce genre rendront encore l'élevage plus rémunérateur qu'il ne l'est à l'heure actuelle; car aussi bien dans nos colonies qu'en France, l'agriculture n'est vraiment productrice que lorsqu'elle prend un caractère industriel.

Forges et fonderies. — MM. Bouts frères ont une usine de fer à Andranloaka. C'est la seule entreprise de ce genre, je crois, qui existe à Madagascar; le champ est donc libre pour les initiatives nouvelles.

Tanneries. — En beaucoup de petites villes de France il existe des tanneries; là, de père en fils, vivent en se succédant les générations d'une même famille. Les aînés sont, de droit, les chefs d'entreprise; les cadets demandent la fortune à une nouvelle profession: pourquoi certains d'entre eux n'iraient-ils pas continuer les traditions paternelles à Madagascar? Ils y auraient toutes chances de succès; il y a, dans notre colonie, des cuirs de bonne qualité à corroyer et à tanner; les écoles pro-

forestière, on y fait des dépenses considérables, elle n'est qu'à quatre-vingt-cinq kilomètres de Tananarive. Le malheur est que ces quatre-vingt-cinq kilomètres qui, de France, ne semblent rien, sont là-bas impossibles à franchir; on doit se transporter trente kilomètres plus bas pour profiter d'une voie de communication praticable, mais que de dépenses inutiles!

fessionnelles sont, dès maintenant, à même de fournir des ouvriers indigènes ayant la pratique de ces travaux. Qu'un de nos lecteurs aille donc s'établir *tanneur-corroyeur* à Fianarantsoa ou à Tananarive : je suis persuadé qu'il y réussira.

BRIQUETERIES, TUILERIES. — Le sol argileux du Betsiléo et de l'Émyrne est éminemment propre à faire des tuiles et des briques ; des entreprises de ce genre n'exigeraient pas des capitaux élevés, et donneraient certainement de jolis bénéfices lors de l'exécution des grands travaux publics qui sont en projet dans l'île.

GLACIÈRES. — C'est dans les ports, à Majunga et à Tamatave, qu'il faudrait en créer pour le ravitaillement des navires qui transportent des produits qui ont besoin de glace pour se conserver. Un capital d'une trentaine de mille francs suffirait assurément pour la création d'une glacière.

USINES POUR LE DÉCORTIQUAGE DU RIZ. — C'est à chaque propriétaire de grandes rizières d'avoir chez lui de petites machines pour la décortication de sa récolte.

BLANCHISSERIE. — Ce serait dans un grand centre, à Tananarive, par exemple, qu'il faudrait la créer.

HUILERIES. — Cette industrie trouverait, à Madagascar, les matières premières qui lui sont indispensables : arachides, coco, etc...

BRASSERIE[1]. — Nos missionnaires, nos officiers, pour

---

[1] On m'annonce qu'une brasserie vient d'être créée dans les

leur usage personnel, font de la bière à Madagascar ; mais une brasserie demeure à créer ; il est difficile de prévoir quelle serait la consommation de cette boisson rafraîchissante qu'est la bière ; on m'assure cependant que ce serait là une entreprise à tenter.

Pêcheries. — Les côtes de Madagascar sont poissonneuses ; il n'est pas douteux qu'un « dundee » convenablement équipé ne puisse, dans sa saison, faire une pêche rémunératrice.

Teinturerie. — A créer à Tamatave.

Toutes les industries que je viens de signaler, et intentionnellement, sont des industries qui réclament des capitaux variant entre cinquante mille et cent mille francs. D'autres industries plus importantes, plus hasardeuses aussi, seront à créer dans l'avenir : des *filatures,* des *tissages ;* mais je n'en conseille pas encore l'établissement. Enfin, il est des *maisons de commerce* à fonder : je ne m'y arrête pas, parce qu'elles sont déjà nombreuses et ne devront être multipliées que lorsque l'industrie locale aura pris un nouvel essor.

J'ai commencé mon étude sur Madagascar par une vision du passé ; je voudrais l'achever en conduisant mon lecteur dans une exploitation en plein rapport, et lui présenter ainsi le Madagascar de l'avenir, d'un avenir très lointain cependant, il faut l'avouer.

Le domaine de la « Providence », situé au N.-O. de Vatomandry, sur le Sandramamonjy, a été créé en 1881.

environs de Tananarive ; une autre ne serait-elle pas à établir dans le voisinage de Tamatave ?

Le personnel se compose de : un ingénieur-agronome-directeur, un comptable, un préparateur de vanille, un chef d'usine, un maître charpentier, cent vingt à cent cinquante ouvriers indigènes; chacun de ces derniers touche un salaire de quinze francs par mois, plus une ration de huit cents grammes de riz par jour. Les principales cultures de la Providence sont : la *canne à sucre*, qui occupe quarante hectares de bonne terre, et dont le rendement est de trente mille kilogrammes à l'hectare; la *vanille :* cette plantation comprend aujourd'hui près de trente-cinq mille lianes de différents âges; le *café libéria*, le *cacao;* différentes autres plantes, enfin, à titre d'essai.

L'entreprise agricole est complétée par une *distillerie* qui, en 1900, a donné une production d'alcool de cinq mille litres; et par un *atelier de préparation de la vanille,* dont le kilo se vend de quarante à cinquante francs.

Voilà une entreprise complète et comme peut souhaiter d'en créer un colon qui dispose de capitaux importants. Moins riche ou ne disposant que de ressources très modestes, l'émigrant ne réussira que s'il est solidement trempé à tous les points de vue.

Dans un roman de Paul Bourget, un ouvrier tient ce langage à l'un de ses camarades : « Les hommes, comme les meubles, sont faits de différents bois; les uns sont de bois de luxe, et les autres de bois blanc; tel est de pitchpin, bois qui tourmente et qui travaille; tel est de frêne ou de cerisier, bois dur et résistant, mais sans verni; tel autre, enfin, est de cœur de chêne. »

Pour aller aux colonies et y réussir, il faut être de cœur de chêne.

CHAPITRE IV

ALLONS AU CANADA

Avec un capital de dix à trente mille francs, acquérir un domaine de soixante-quatre hectares, y bâtir une maison, se monter d'un matériel de ferme, en France, ce serait chose impossible.

Cela, par contre, se voit au Canada.

La raison en est bien simple : là, une population de cinq millions habite un territoire vaste comme l'Europe.

Voilà, n'est-il pas vrai? un pays à coloniser. Le Canada, c'est de plus la France, sans le gouvernement français !

Le voyage. — Rien n'est plus facile que de se rendre dans notre ancienne colonie. Alors que pour aller à Madagascar ou en Indo-Chine il faut près d'un mois, les paquebots qui font le service de Liverpool à Montréal, ou à Halifax, mettent une dizaine de jours [1].

Trois grandes compagnies de transatlantiques, les

---

[1] Une ligne de paquebots marchands, pour le Canada, a son port d'attache à Bordeaux.

compagnies Allan, Dominion et Beaver, assurent ce service ; 312 francs est le prix d'un billet de première.

On peut également s'embarquer au Havre ; dans ce cas, on va d'abord à New-York, et de là au Canada, ce qui allonge un peu la route.

C'est vers la fin d'avril ou le début de mai que le colon doit partir; car c'est alors que le Canada, sortant de son long hiver, se pare des charmes du printemps et que ses habitants se remettent aux travaux de la terre.

Après avoir traversé l'Atlantique, le paquebot s'engage dans le fleuve Saint-Laurent [1], large, à son estuaire, de 170 kilomètres ; les navires du plus fort tonnage peuvent le remonter jusqu'à 1826 kilomètres de son embouchure.

Au passage, on salue Québec, la cité de Champlain, l'antique capitale de la Nouvelle-France, située sur une haute montagne et dominant fièrement le fleuve.

Puis, le navire continue sa route et vient accoster aux quais de Montréal ; là, le fleuve est barré par un pont superbe de 2800 mètres.

MONTRÉAL. L'HÔTEL DE L'ÉMIGRATION. LES PREMIERS RENSEIGNEMENTS. — Tête de ligne de la navigation transatlantique sur le Saint-Laurent, Montréal est la grande cité canadienne ; c'est là que débarquera l'émigrant.

Reçu par les agents du gouvernement [2], piloté par eux, il sera même, s'il le désire, provisoirement abrité, aux frais de l'État, à l'hôtel de l'Émigration.

---

[1] Le Saint-Laurent reste fermé à toute navigation pendant cinq à six mois d'hiver; le port de débarquement est alors Halifax.

[2] S'adresser de préférence au P. Blais (O. M.), agent d'émigration, rue de la Visitation, Montréal.

Suivons-le, et allons avec lui nous renseigner sur les richesses du Canada, apprendre les entreprises qu'il est loisible d'y tenter.

Dans le grand hall de l'hôtel, nous avons devant les yeux la carte générale du Dominion, puis des cartes des différents États qui le composent. Voici l'Ontario, la province de Québec, la Nouvelle-Écosse, le Nouveau-Brunswick, l'île du Prince-Édouard, le Manitoba, la Colombie anglaise ; ce sont les sept vieilles provinces ; ici, les territoires de l'Ouest canadien : l'Assiniboia, l'Alberta, la Saskatchewan, l'Alhabasca ; enfin, plus effacés et attirant moins l'attention : l'Ungava, le Franklin, le Mackensie, le Yukon et le district de Keewatin.

Sur ces cartes, sont indiquées les terres sans possesseurs, celles qui demandent des occupants.

Le Canada a deux cent vingt millions d'acres [1] ; vingt-deux millions sont en culture. Vaste est le champ libre à exploiter.

Tout le Dominion, il est vrai, n'est pas également habitable ; toutes ses parties ne sont pas également fertiles.

La région boisée du nord, à cause de son climat trop rigoureux, est complètement impropre à la culture ; quant à la partie sud, celle qui a pour frontière les États-Unis, on peut la diviser, en allant de l'est à l'ouest, en trois zones bien distinctes :

1° La région située entre les rivages de l'Atlantique et ceux du lac Winnipeg ;

2° La région partant de cette frontière et s'étendant jusqu'au pied des Montagnes Rocheuses ;

---

[1] L'acre canadien équivaut à environ quarante ares.

3º Enfin, la région comprise entre cette limite naturelle et l'océan Pacifique.

La *première zone* est de beaucoup la plus peuplée. Des Franco-Canadiens habitent la province de Québec; des Anglo-Canadiens celle d'Ontario, où se trouve Ottawa, la capitale du Dominion. Les bords du Saint-Laurent et de l'Ottawa sont d'une grande fertilité ; ailleurs, le sol est recouvert de forêts.

La *seconde zone* offre l'aspect d'une vaste plaine au sol profond et fertile. Presque ignorée jusqu'en 1870, cette région comprenait alors dix mille habitants, dont neuf mille métis et Indiens. Depuis quelques années, il se dessine un mouvement d'émigration considérable vers cette contrée : plus de deux cent mille habitants s'y sont fixés, en grand nombre Anglo-Canadiens ou émigrants des États-Unis. .

La *troisième zone*, accidentée et pittoresque, est un pays de forêts et de mines, où toute grande entreprise agricole serait impossible.

L'ÉTABLISSEMENT. — Après ce premier aperçu, une question se pose à l'émigrant : Doit-il aller coloniser les vastes plaines du grand Ouest canadien, ou bien se fixer dans la province de Québec?

S'arrête-t-il au premier parti, on lui conseille de se rendre à Winnipeg, la capitale du Manitoba, et de se fixer, soit dans cette province, soit dans les territoires avoisinants : Assiniboia, Saskatchewan, Alberta-Sud. La seconde alternative le sollicite-t-elle davantage, on lui donne l'avis de s'établir de préférence dans le voisinage du lac Saint-Jean.

Bien que nos sympathies aillent à un établissement

dans le Manitoba, nous conduirons nos lecteurs dans les deux contrées spécialement signalées à notre attention.

Au Manitoba. — Pour nous y rendre, nous prendrons le Pacific-Canadian, ligne de chemin de fer qui traverse tout le Canada. Le train passe à Ottawa, chemine à travers les forêts vierges, longe à distance la rive nord des Grands Lacs. Le voici à Port-Arthur, à l'extrémité occidentale du lac Supérieur.

Là, s'élèvent les immenses magasins où viennent s'accumuler, en hiver, les millions de quintaux de blé des champs fertiles de l'ouest. De là ils partent, en été, sur des paquebots, qui traversent successivement le lac Supérieur, le Sault-Sainte-Marie, le lac Huron, la rivière Sainte-Claire, le lac Érié, la rivière Niagara, le lac Ontario, pour entrer enfin dans le Saint-Laurent.

Enfin nous voici à Winnipeg [1], la capitale du Manitoba. Ville de création récente, mais qui compte déjà près de cinquante mille habitants; cité anglaise, elle est reliée, par trois ponts jetés sur la rivière Rouge, à Saint-Boniface, ville française et catholique.

Là finissent les paysages tourmentés et agrestes; le royaume de la prairie commence. « Je viens de visiter attentivement le Manitoba, écrivait en 1893 un prêtre canadien, j'ai étudié son sol, sa population, son marché, ses industries, son climat, et je n'hésite pas à dire : Le Manitoba est le pays de l'avenir au point de vue agricole; la fortune tend les bras à tous ceux qui, doués de cœur et d'intelligence, iront y dresser

[1] Il y a trente-huit heures de chemin de fer de Montréal à Winnipeg.

leur tente. Son sol est d'une fécondité incomparable ; c'est de la graisse plutôt que de la terre. »

De l'Assiniboia, de la Saskatchewan, de l'Alberta, les voyageurs nous font un portrait non moins attrayant. « L'œil se repose tour à tour sur une prairie onduleuse, des collines et des vallons revêtus d'herbe touffue. De nombreux lacs et étangs reflètent le bleu d'azur des cieux, et les cours d'eau prêtent au paysage un inoubliable charme. Il n'y a pas de bêtes féroces ni de serpents, mais des animaux à fourrures précieuses, du gibier et du poisson en abondance. »

Ces plaines de l'Ouest conviennent vraiment aux émigrants d'Europe : point de bois à abattre, pas de souches à arracher ; la charrue ne rencontre pas d'obstacles, et le colon se suffit à lui-même.

Le climat, chaud en été, est très froid en hiver ; mais il est incontestablement salubre. Durant les plus fortes chaleurs, le thermomètre marque jusqu'à $+ 35$ degrés ; les plus grands froids le voient osciller entre $- 20°$ et $- 30°$.

L'air demeure pur, sec et vivifiant ; aussi les habitants du Manitoba disent aux Européens de n'avoir pas peur du long hiver qui les attend.

« Il est beau, ensoleillé, disent-ils ; on sort quand on veut ; les rhumes sont inconnus ; les bourrasques de neige elles-mêmes, « les poudreries, » vues du coin du feu, ont un vrai caractère de grandeur, elles viennent rompre la monotonie des jours. »

Cette terre libre et féconde, il est facile d'en devenir propriétaire. Arpentée d'avance aux frais du gouvernement, elle a été divisée en lots, qui ont été répartis entre l'État et les compagnies de chemins de fer ; chaque lot mesure cent soixante acres [1]. Les lots sont groupés en cantons ou townships.

Les lots du gouvernement sont donnés gratuitement, moyennant un droit de bureau de cinquante francs. Quelques conditions très simples doivent être remplies par le concessionnaire : 1º avoir au moins dix-huit ans ; 2º s'engager à cultiver la terre ; 3º y fixer sa demeure pendant au moins trois ans. Ce délai expiré, des lettres patentes de propriété sont remises au colon, qui peut dès lors disposer de son bien.

En dehors du domaine qui lui est concédé gratuitement, l'émigrant peut obtenir d'autres lots du gouvernement ; mais ces derniers, il les payera à raison de trente-trois francs l'hectare.

Les lots des compagnies de chemins de fer ne sont pas concédés gratuitement ; ils se vendent ; le prix moyen est de quarante à cinquante francs l'hectare [2].

Là où, à proximité des voies ferrées, il ne se trouve plus de concession d'État, le colon ne doit pas hésiter à se rendre acquéreur des terres qui appartiennent aux compagnies ; car, pour avoir toutes les chances de succès, il faut être à proximité d'une station.

Trois lignes de chemins de fer sillonnent l'Ouest canadien : ligne de pénétration dans les terres, ligne se dirigeant vers les États-Unis, grande ligne enfin du Pacific-Canadian [3].

---

[1] Environ soixante-quatre hectares.

[2] Dans les environs des grandes villes, comme Winnipeg, par exemple, tous les terrains sont occupés ; il faut acheter un domaine ayant déjà possesseur. La terre, dans ces régions, vaut de cinq à six cents francs l'hectare.

[3] Le parcours du Pacific-Canadian est le suivant : Montréal,

LA RÉGION DU LAC SAINT-JEAN. — Cette région a été nommée le grenier de la province de Québec. De cette ville, un chemin de fer y conduit directement ; il a son point terminus sur les bords du lac à Roberval ; de là, un prolongement va à Chicoutimi, sur la rivière Saguenay. En été, celle-ci est navigable et offre un second moyen de transport vers le Saint-Laurent.

Le lac lui-même est sillonné par des paquebots, qui font escale dans les différents villages situés sur ses bords, et en portent les produits aux gares de chemins de fer.

Près de vingt millions d'acres peuvent être livrés à la culture. A l'heure actuelle, cinquante mille personnes seulement s'adonnent à cette tâche.

Les différentes rivières qui viennent se jeter dans le lac, notamment la Mistassini et la Peribonca, sont autant de voies de pénétration dans les terres.

Le sol est presque partout de qualité supérieure, et cependant, il y a cinquante ans, deux paroisses seulement existaient dans cette contrée ; partout ailleurs, c'était la forêt vierge.

Depuis lors, trente cantons ont été ouverts à la colonisation ; les bords du lac sont partout occupés ; on ne peut guère s'y procurer de terrains qu'en les achetant aux premiers possesseurs ; par contre, de nombreuses concessions sont encore vacantes dans les vallées de la Mistassini et de la Peribonca.

Là il faut défricher, et c'est une rude besogne ; on a besoin d'un solide courage ; il est vrai que le succès couronne l'effort.

Ottawa, Port-Arthur, Winnipeg, Regina, Modern-Hat, Calgaray, Vancouver (24139 kilomètres).

Il y a neuf ans, les Pères Trappistes obtenaient du gouvernement une concession en ces contrées.

Avec leur indomptable énergie, ils ont vaincu la nature sauvage ; ils se sont construit un monastère, et maintenant une scierie, un moulin, une beurrerie, y fonctionnent avec un plein succès.

Déjà de nombreux colons se sont établis dans leur voisinage ; il y a place pour d'autres.

L'industrie du bois et l'industrie laitière prennent, dans la région du lac Saint-Jean, des proportions étonnantes. En 1900, on y comptait vingt-deux fromageries et cinq beurreries ; il s'en est fondé depuis.

Des scieries sont échelonnées le long du chemin de fer de Roberval à Québec, et l'industrie de la pulpe de bois, matière première de la fabrication du papier, est extrêmement prospère.

La culture, dans les parages du lac Saint-Jean, doit être précédée du défrichement ; c'est là l'infériorité de cette région sur les territoires du Grand Ouest canadien, qui immédiatement peuvent être livrés à la culture.

Si le Canada était encore une colonie française, l'exode vers ce pays serait tout naturel. Quoi qu'il n'en soit plus ainsi, l'établissement au Manitoba ou dans la région du lac Saint-Jean ne saurait être blâmé, même au point de vue patriotique.

L'émigrant est le plus puissant zélateur de l'influence d'une nation, le commis-voyageur par excellence de ses produits. Cela est si vrai, que le gouvernement français, appréciant les services rendus par ses nationaux établis à l'étranger hors d'Europe, les dispense de tout service militaire, quand ils s'y sont fixés avant l'âge de dix-neuf ans, et qu'ils y séjournent au moins dix ans.

Aux États-Unis, l'Allemagne a vu s'établir douze millions de ses nationaux ; c'est pour elle une source de richesses, une cause prodigieuse d'exportation.

C'est donc servir la France que d'aller aider nos frères franco-canadiens à mettre en valeur leur beau pays. Ne laissons pas plus longtemps des émigrants étrangers prendre notre place, et par notre présence empêchons, au Manitoba notamment, l'infiltration protestante et américaine.

« Le dimanche, jour et fête de la Pentecôte 1535, raconte Jacques Cartier, du commandement du capitaine et du bon vouloir de tous, ceux qui partaient pour le Canada se confessèrent et reçurent ensemble leur Créateur en l'église cathédrale de Saint-Malo. »

Ce sont des émigrants de cette sorte que réclame à nouveau le Canada.

CONCLUSION

UN COMPLÉMENT NÉCESSAIRE AUX ÉTUDES CLASSIQUES

L'ENSEIGNEMENT PROFESSIONNEL DES CLASSES AISÉES

L'ENSEIGNEMENT PROFESSIONNEL DES CLASSES AISÉES [1]

Il y a quelques années, M. Demolins proclamait, en des ouvrages pleins d'idées, la faillite de l'éducation française. Il traçait du jeune homme contemporain un portrait très humoristique, bien peu flatteur, il faut l'avouer, pour notre génération.

De notre insignifiance dans la vie, il accusait le collège et la formation que nous y avons reçue; aussi, avec un courage persévérant et qui l'honore, entreprenait-il une croisade en faveur d'une théorie nouvelle d'éducation.

Les anciens maîtres, paraît-il, ne voyaient dans leur élève que l'enfant; aussi l'entouraient-ils de lisières et de garde-fous. Les éducateurs nouveaux, eux, ne verraient en i... que l'homme, ayant une conscience, un honneur et devant se déterminer lui-même dans l'accomplissement de ses actes.

La théorie était séduisante, était-elle réalisable?

Quelle sécurité, messieurs, auriez-vous sur un navire où les mousses auraient remplacé les matelots à la manœuvre? Aucune, n'est-ce pas? Et réciproquement,

[1] Étude lue à la Conférence Olivaint.

quelle confiance avoir en une éducation qui devance son heure et traite l'enfant en homme?

Si je suis d'accord avec M. Demolins, quand il s'agit de constater le déficit de notre éducation moderne, je n'adopte pas, vous le voyez, la réforme par lui proposée.

Si j'estime qu'il y a à perfectionner notre système d'éducation, *ce perfectionnement, je le place non pas tant au collège qu'après le collège.*

Ce qui me semble important à l'heure actuelle, *c'est moins de réformer l'enseignement secondaire que de le compléter.*

Au grand siècle, les Condé, les Bossuet, leurs études achevées, consacraient quelque temps à la philosophie, à la théologie. En notre siècle utilitaire, je voudrais des institutions d'enseignement supérieur où, de dix-sept à vingt ans, nous puissions nous former à la vie pratique et à l'exercice de la liberté.

Là, à la formation générale des collèges, succéderait une formation spéciale adaptée à l'avenir que nous aurions choisi et au milieu qui sera le nôtre.

Comme il existe des établissements préparatoires aux grandes écoles de l'État, comme la rue des Postes et l'école Lacordaire, par exemple, préparent à Saint-Cyr et à Polytechnique, je voudrais des écoles se recrutant dans le même milieu, ayant la même direction et préparant à l'agriculture, à l'industrie et à la colonisation.

Or ces écoles n'existent pas ou sont en nombre insuffisant, et cependant ces écoles sont une nécessité des temps présents.

Bon gré, mal gré, il faut que prenne fin notre

engouement du fonctionnarisme; que nous brisions avec la tradition qui veut que nous soyons un rouage de la machine de l'État. Notre foi religieuse nous incite à cette rupture; on nous trouve trop fiers, trop indépendants, pour être les instruments dociles d'un ministre quelconque; prenons-en gaiement notre parti, et sachons tirer profit de notre exil à l'intérieur!

Que de motifs de consolation nous avons!

Tout d'abord, un fonctionnaire de l'État ne peut jamais avoir complète liberté d'allures; puis, vivant à une époque de démocratie et voulant prendre contact avec le peuple, nous devons nous dire que ce n'est pas à un guichet d'agent des finances ou derrière le tapis vert d'une table de magistrat que nous entrerons en rapports étroits avec la classe ouvrière. Enfin, le fonctionnarisme, c'est à peine la médiocrité dorée, et, à notre époque, la loi du travail devient pour nous tous, en même temps qu'un devoir, une nécessité.

Tout nous attire donc vers les carrières libres, et là seulement nous pourrons travailler à refaire un tempérament à la France.

Mêlant notre vie à celle des ouvriers, leur donnant notre intelligence et notre cœur, nous pourrons plus pour la paix sociale et la prospérité de notre pays, que tous les rêveurs chimériques et que tous les songe-creux parlementaires.

Notre expérience nous montrera les réformes qu'on peut faire pour le bien-être de tous, et les utopies qu'il serait dangereux de vouloir transformer en réalités.

Il faut réformer notre état d'esprit. Trois créations d'écoles dont je veux vous entretenir hâteront, je crois, un mouvement que, pour ma part, j'estime capital pour l'influence des catholiques et pour la richesse économique de la France.

Si nous le voulons, à la fin du siècle qui commence, on ne pourra plus tracer de la jeunesse française le si véridique portrait que P.-L. Courier a fait de nos devanciers : « Dans notre pays, dès qu'un jeune homme sait faire la révérence, riche ou non, peu importe, il se met sur les rangs; il demande des gages en tirant un pied derrière l'autre; cela s'appelle se présenter; tout le monde se présente pour être quelque chose. On est quelque chose à raison du mal que l'on peut faire. Un laboureur n'est rien; un homme qui cultive, qui bâtit, qui travaille utilement, n'est rien. Un gendarme est quelque chose, un préfet beaucoup, Bonaparte était tout. Voilà les gradations de l'estime publique, l'échelle de la considération, suivant laquelle chacun veut être sinon Bonaparte, du moins préfet ou gendarme. »

Nous serons révolutionnaires de la bonne manière, et nous voudrons être quelque chose à raison du bien que nous pourrons faire.

Qu'on nous aide dans cette tâche, et que pour cela on fonde pour la génération sœur de la nôtre :

Des Instituts agricoles provinciaux ;

Des Écoles supérieures industrielles ;

Des Écoles de Colonisation.

De ces trois institutions, messieurs, je veux plaider la cause devant vous, en vous communiquant des pensées qui depuis longtemps me sont chères.

Ces pensées, peut-être les nommerez-vous chimères; mais quand on veut être le soldat d'une cause, on est fait pour recevoir des coups, et je suis ici pour cela, ce soir.

Au Parlement anglais, souvent à la séance des bills privés, un député se lève pour proposer une motion; si la motion est neuve, tout le monde rit; si la motion, quoique neuve, se rattache au passé, on se contente de sourire. Dix ans s'écoulent, un ministre reprend la motion; la motion est devenue une loi.

Si mes rêves sont bons, j'ai confiance qu'eux aussi ils deviendront des réalités, et dès aujourd'hui j'espère que les membres de la Conférence Olivaint, plus cléments que les parlementaires anglais, me seront plus indulgents aussi.

I

Il nous faut dans chaque canton de France un homme actif et modeste, ne recherchant pas les honneurs et les fonctions, mais décidé quand même à se vouer à la vie publique, s'il le faut, pour le bien de tous. Pratiquant le devoir, cet homme ira jusqu'au sacrifice, en acceptant ces humbles magistratures locales qui ne donnent rien à la vanité, absorbent le temps, causent mille ennuis, mais offrent le moyen de servir utilement la bonne cause.

Ce genre d'hommes doit se recruter surtout parmi ces classes dites autrefois privilégiées et qui ne doivent pas disparaître si, à nouveau, elles veulent rendre des services.

L'ennui est un rude maître, qui a déjà ébranlé bien des convictions, dompté bien des âmes; l'action refera des caractères.

L'*Institut agricole*, où devra se recruter l'homme dont je viens de vous tracer le portrait, devra donc être une école d'action. On s'y reposera du travail intellectuel par le travail physique, et réciproquement.

L'école serait provinciale, grouperait des jeunes gens de la même contrée, préparerait une union régionale de propriétaires, serait un centre d'œuvres agricoles.

Des écoles semblables, créées petit à petit par toute la France, rendraient aux catholiques leur influence perdue ; elles donneraient aux éducateurs la joie de féconder les bons principes déposés au collège dans le cœur des élèves. Dans ces écoles, dont chacune aurait au plus une soixantaine d'élèves, les jeunes gens apprendraient à aimer la vie des champs, à s'y fixer dès leur jeunesse, et à occuper avec honneur dans leurs pays respectifs une place en rapport avec leur situation sociale. Là, ils entendraient le langage de ce vieux chevalier à l'héritier de sa race : « Cher fils, je te recommande simplicité et bonté envers les personnes de petit état ; conserve l'honneur, sois digne et modeste, et toujours travaille en vue de plaire à Dieu. » Ils trouveraient une direction dans leurs études, un but à leurs efforts, des amis en communauté d'idées avec eux-mêmes, de sages conseillers en leurs maîtres.

'Dès le temps du collège, les maîtres dirigeraient l'élite de la jeunesse, la portion de choix de leurs élèves vers les écoles agronomiques.

Pour entrer à ces écoles, le baccalauréat serait exigé ; cette obligation opérerait une sélection, rehausserait le prestige de la maison. Il ne faut pas qu'aillent à la terre, ce qui s'est trop souvent vu de nos jours, les fruits secs de l'enseignement classique.

Les études seraient de trois années et comprendraient un triple enseignement :

1° *Études agricoles;*

2° *Études juridiques;*

3° *Études religieuses et sociales.*

L'agriculture, dans son côté théorique et pratique prendrait l'après-midi et la soirée de l'étudiant.

On apprendrait au jeune homme riche à être à même de faire valoir son bien, d'introduire dans son pays les derniers perfectionnements de l'agriculture, de faire aimer le village à l'ouvrier et d'empêcher l'émigration vers la ville. Il ne faut pas que le propriétaire rural se contente du rôle de suivant et d'obligé, il faut qu'il soit à la tête de ses concitoyens à tous les points de vue ; il doit s'éviter l'humiliation d'être à la merci d'un gérant ou d'un valet de ferme. A ce prix est la victoire contre l'utopie socialiste.

L'étude du droit doit prendre la seconde place dans la vie de l'étudiant agricole ; elle occupera sa matinée. Cette science est indispensable à un propriétaire futur ; des connaissances juridiques le rendront utile à ses concitoyens ; il pourra être en quelque sorte le juge de paix des différends nés parmi les habitants de sa commune.

D'un autre côté, la connaissance du droit enseigné pratiquement permettra à notre étudiant agricole de défendre les intérêts de l'Église dans les conseils de fabrique et les conseils municipaux ; dans certains cas, de tenir tête au pouvoir, et de souffrir moins des mauvaises lois jusqu'au jour de leur abrogation.

L'enseignement du droit dans ces écoles, loin de nuire aux Instituts catholiques, serait pour ceux-ci une source de revenus; on prendrait les inscriptions dans les Facultés libres, et on demanderait à leurs professeurs de contrôler l'enseignement juridique des Instituts agricoles.

Une troisième place serait faite aux *études religieuses et sociales.* L'étude de la doctrine catholique apprendrait à beaucoup la solution que l'Église offre aux questions irritantes de l'heure actuelle.

A l'Institut agricole, il nous semblerait souhaitable aussi que le jeune homme fût initié à l'action catholique, qu'on lui ménageât de premiers succès dans les œuvres de dévouement. Le dimanche, rayonnant dans les villages voisins de l'Institut, secondant les curés, leur prêtant l'utile concours de l'apostolat laïque, l'étudiant agricole prendrait l'habitude de se dévouer aux autres.

La règle de l'école serait très large. Là on ne traiterait plus les étudiants en enfants, mais en hommes. Le régime de l'Institut aurait peut-être quelque chose de ces collèges que fonderont en 1910, nous apprend M. Fonsegrive, les exilés d'aujourd'hui. Mais avant 1910, s'ils commençaient à fonder sur la frontière, puis en France, la liberté étant reconquise, des maisons du type de celles dont je viens de vous esquisser le plan, que je leur en serais reconnaissant!

Voulant rapprocher la jeunesse riche et la jeunesse pauvre, il serait bon qu'on annexât au collège-institut une *école d'ouvriers agraires.*

Là, sous une direction spéciale, les pupilles de l'œuvre recevraient une éducation religieuse professionnelle capable d'en faire de bons cultivateurs, d'habiles gérants de ferme, des défenseurs de la cause catholique dans les milieux populaires et, ce qui a également sa petite importance, de bons chantres de paroisse rurale.

Les élèves de l'Institut auraient mission de former le cœur de ces enfants, de les élever jusqu'à eux par les pensées qu'ils mettraient en leur esprit, les sentiments qu'ils susciteraient dans leur cœur.

On a très bien écrit : « Toute aristocratie qui laisse monter vers elle l'esprit d'en bas est troublée par l'alliage. Il ne faut pas qu'elle prenne du peuple et se fasse commune; il faut qu'elle donne d'elle au peuple et le fasse noble. »

En cette jeunesse pauvre, élevée à côté d'elle, la jeunesse riche trouverait de dévoués auxiliaires. Ce qui sépare les hommes, ce n'est point tant la fortune, le rang social, que l'éducation; l'éducation est donc faite aussi pour les rapprocher.

II

Je me suis longuement étendu, messieurs, sur la préparation que je voudrais voir donner aux gentilshommes campagnards; je suis un rural, vous m'excuserez.

Les catholiques ne sauraient davantage se désintéresser de l'industrie. Présentement, l'influence dans les usines est aux ingénieurs et aux contremaîtres. Que les manufacturiers catholiques aient des auxiliaires qui partagent leur foi, et bientôt il en résultera une transformation dans le monde ouvrier.

De l'apprenti contemporain, on a tracé ce portrait vraiment affligeant : « L'enfant est jeune, inexpérimenté, chétif. Sous le prétexte qu'il ne peut faire autre chose, on l'emploie aux rangements, au menu ménage de l'atelier et de l'usine, et la seule chose qu'il apprenne d'abord, à travers tout cela, c'est à disperser, à dissiper sa journée. Ce n'est pas seulement l'ouvrier qui est atteint dans l'apprenti, c'est l'homme et le citoyen. Les habitudes d'ordre et de travail, les principes de moralité que l'enfant a emportés de l'école, ne résistent pas longtemps à cette vie de corvées, parfois au-dessus de ses forces, et d'occupations stériles. Son intelligence s'étiole, il a perdu le goût de l'étude, il prend celui de la paresse. Il tombe rapidement plus bas encore. Ne rencontrant pas d'initiation sérieuse, point d'encouragement au bien, et en contact perpétuel avec des hommes qui le dominent par l'âge, la force, les passions, et qui n'ont pas toujours le respect de l'enfance, il se hausse pour se mettre à leur taille, de la seule façon dont il puisse essayer de les égaler, par l'imitation du mal. »

Mais si à la tête de l'usine il y a un ingénieur catholique, le tableau change; l'enfant grandit et se développe normalement; car, en même temps qu'on s'occupe de sa formation professionnelle, des institutions sont créées pour développer son intelligence, perfectionner ses qualités de cœur, faire de lui, en un mot, un ouvrier chrétien.

Comment donc ne point songer à multiplier les écoles où les ingénieurs et les contremaîtres reçoivent une formation sociale catholique! car, notez-le, si des écoles de l'État il sort d'excellents catholiques de vie privée, là il n'y aura jamais cette émulation qui fait les catholiques sociaux.

Nous avons déjà les intéressantes fondations de Roubaix, de Lille et de Reims; il nous les faut faire connaître davantage, et fonder d'autres établissements dans cet ordre d'idées éminemment pratique.

C'est nous qui les premiers aurions dû créer un Institut chimique et une École d'électricité; demain il nous faut doter notre pays d'un *Institut des applications industrielles de l'alcool*, et, aux aguets de toutes les découvertes viables, viser immédiatement à les rendre pratiques et à les vulgariser par l'enseignement.

Enfin, dans nos Facultés libres, à côté d'un enseignement supérieur *qu'il faut développer* [1] pour une élite dirigeante, nous verrions fonder avec plaisir des cours qui préparassent à la vie professionnelle : cours de banque et d'affaires de Bourse, législation des faillites, géographie commerciale, politique coloniale [2], etc.

Aussi je me permets de dire aux maîtres des collèges : Il vous faut être universels; il vous faut suivre vos élèves jusqu'au jour où ils se suffiront à eux-mêmes. Aujourd'hui, vous les abandonnez au moment où ils pourraient causer et raisonner avec vous; vous les remettez à cette heure capitale à des mains étrangères

---

[1] L'enseignement des Facultés, ne visant qu'à préparer des jeunes gens à une licence, est néfaste au développement de la haute culture intellectuelle. Une école catholique de Hautes Études, dans le genre de l'école qui porte ce nom à la Sorbonne, ne serait-elle pas à annexer à l'Institut catholique de Paris?

[2] Il existe, près de l'Université catholique de Lille, une *École des Hautes Études industrielles* qui a déjà fait ses preuves et dont l'Association d'Anciens est très florissante. Cette école, qui a actuellement quatre-vingt-cinq élèves, compte seize années d'existence. Elle va toujours progressant, sous la haute et ferme direction de M. le colonel Arnould.

et souvent indifférentes; il doit en être autrement pour l'avenir. Certes, vous vous entourerez d'hommes compétents et de spécialistes; mais vous serez là aussi.

Vous qui êtes fils de grands industriels ou de grands agriculteurs, vous êtes tout destinés pour être mis à la tête de ces écoles de l'avenir. Hier encore, trois religieux pouvaient légalement vivre ensemble; c'était le personnel nécessaire pour une création du genre de celles que je vous signale. Peut-être demain, sous un régime de demi-tolérance, laissera-t-on quelques religieux gagner leur vie comme agriculteurs ou industriels, l'agriculture et l'industrie étant choses dans le commerce. Pourquoi ces religieux ne s'entoureraient-ils pas de quelques jeunes gens d'élite, qui lanceraient le mouvement que je réclame? Ce qui nous manque à l'heure actuelle, ce sont quelques individualités ayant l'intelligence de leur époque; là on les formera, et les maîtres qui consacreront leur temps à cette œuvre n'auront point fait besogne inutile.

L'obstacle aux fondations dont je viens de parler, le seul véritable obstacle à mes yeux, c'est la question du service militaire, cette exemption de deux années de présence sous les drapeaux que confèrent les diplômes et la présence dans les écoles de l'État. D'abord, n'ont pas à envisager cette question, les fils de veuves, les aînés de sept enfants, ceux qui ont un frère à l'armée.

Pour les autres, je crois que ce souci ne devra bientôt plus les préoccuper. Il est triste de mal orienter toute son existence pour dérober deux années au service de la patrie.

Certains le comprennent, un projet de loi propose l'unification du service militaire pour tous et sa réduction à deux ans. J'avoue que je ne vois pas sans quelque tristesse plusieurs sénateurs ou députés catholiques s'opposer à ce projet, *qui donnerait un grand essor à l'enseignement libre, lui permettrait des initiatives qui jusqu'alors lui ont été défendues.*

Si j'étais ces parlementaires, je l'avoue, j'irais plus loin que mes adversaires : je demanderais le service d'un an et la création d'une petite armée permanente.

Ce qui fait les bons soldats, c'est la confiance dans les chefs; cette confiance, on cherche à la détruire. Qu'importe le nombre, si la bravoure est disparue !

D'ailleurs, les sociétés régimentaires, les unions de tir, les réunions cantonales de soldats de la réserve, pourraient entretenir la valeur militaire chez les hommes; l'endurance de la vie quotidienne les préparerait aux marches fatigantes; surtout la foi chrétienne restaurée dans les âmes serait capable d'inspirer le dévouement et le sacrifice à des soldats qui, sans elle, risquent d'être des combattants pusillanimes.

En 1870 on a vu, à Patay, des soldats de ligne démoralisés se coucher dans la plaine et se dérober au feu de l'ennemi, pendant que les zouaves du Pape montaient à l'assaut et sauvaient l'honneur de l'armée française.

Parmi ces zouaves du Pape, beaucoup étaient des collégiens de la veille, mal exercés au maniement des armes, mais natures généreuses; ils furent des héros. Les lâches connaissaient la manœuvre, eux; mais ils n'avaient pas la foi, cette foi qui électrise les hommes et qui décuple leur valeur.

J'ajoute que les jeunes gens sortis de nos Écoles agricoles ou industrielles devraient tous concourir pour le grade d'officier de réserve, créer dans leurs pays respectifs des sociétés régimentaires, et encore par là se mettre à la tête de leurs concitoyens.

III

Il me reste à vous entretenir d'une troisième fondation, et la plus immédiatement réalisable, celle d'*Instituts coloniaux*. Il existe à Paris une école qui porte ce nom, c'est une excellente pépinière de fonctionnaires. En y entrant nombreux, nos amis nous faciliteront notre œuvre colonisatrice; mais cependant l'école coloniale que je rêve, je ne la place pas avenue de l'Observatoire, mais en Indo-Chine, à Madagascar, en Tunisie, au Canada.

C'est un axiome courant que les fortunes diminuent. Un père avait cinq cent mille francs de fortune, il a cinq enfants; ceux-ci élevés, si ce n'est largement, du moins très convenablement, vont connaître la gêne et avoir en France une situation très diminuée. Pourquoi ne s'expatrieraient-ils pas? Certes, s'ils sont courageux et ont une formation professionnelle, avec cent mille francs ils auront aux colonies la même situation que leur père avait dans la métropole avec cinq cent mille francs, cela mérite réflexion; de plus, ils seront indépendants, et cela a aussi sa petite valeur. Mais il faut partir jeune; les familles mettent leur *veto;* car l'éloignement pour elles, ce n'est pas seulement la séparation d'un être aimé, c'est encore celui-ci exposé à des dangers de toutes sortes.

Avoir élevé un enfant jusqu'à dix-huit ans, ne s'en être séparé que pour le confier à des maîtres inspirant toute confiance, et maintenant, à l'âge où il n'est pas encore formé, le lancer seul sans guide, sans amis, dans l'inconnu, ne serait-ce pas folie?

L'isolement, l'absence de tout secours religieux, un milieu uniquement préoccupé de ses propres affaires et souvent peu délicat, voilà ce que va connaître le jeune homme qui sollicite des siens le consentement à son départ.

Pour qui a charge d'âme, un refus s'impose. Faites qu'aux colonies nos fils trouvent la religion, la famille, la salubrité physique et morale; alors notre opinion changera, c'est le langage de tout chef de famille vraiment sensé.

Aussi il me semble que pour les jeunes catholiques, nos missionnaires de Madagascar, du Tonkin, de Tunisie et du Canada, nous faisant profiter de leur expérience, devraient créer ce que j'appellerais un *Institut colonial.*

Dans cet établissement seraient accueillis les débarquants; ils feraient connaissance avec d'autres jeunes gens comme eux, se destinant à cultiver la même colonie; ils apprendraient la langue du pays, ils s'initieraient aux cultures indigènes; ils s'acclimateraient enfin au soleil africain ou asiatique, si dangereux pour nos santés débiles.

Entre temps, ils visiteraient les concessions susceptibles d'être accordées.

Une fois établis enfin, ils s'aideraient entre eux [1]; le

---

[1] Ils pourraient notamment former un vaste *syndicat* ayant son siège social à l'École; ainsi il leur serait facile de passer de grands marchés, d'écouler plus facilement leurs produits et de se procurer aussi à meilleur compte les machines dont ils auraient besoin.

passage à l'école établirait un solide lien d'amitié; le voisin d'aujourd'hui étant l'ancien compagnon d'hier, comment se sentir isolé? D'ailleurs, aux heures de crises, l'école serait encore là pour aller se retremper; ainsi on resterait les fiers jeunes gens qu'on était en arrivant.

Pour obtenir de tels résultats, il faudrait naturellement que l'école fût très bien composée et que l'accès en fût assez difficile.

Pour cette fondation il n'y a pas l'obstacle de la loi militaire, puisque le séjour dans nos colonies réduit le service à une année. L'Institut colonial que je souhaite pourrait donc inscrire à son programme : « Dispense de deux années de service militaire, » et cela ne manquerait pas d'un certain cachet pour une école congréganiste!

Ces écoles offriraient un débouché nouveau aux élèves de l'enseignement libre ; les pères de nombreux fils ne craindraient plus d'envoyer leurs enfants coloniser; enfin, la décision prise n'ayant encore rien de définitif, les capitaux engagés étant à peu près nuls, plusieurs qui hésitent sur leur avenir pourraient tenter la colonisation. Si, à l'œuvre, ils ne se sentaient pas le courage et le tempérament des grandes entreprises, ils reviendraient en France, en s'étant du moins un peu habitués à l'endurance, si utile partout.

Ainsi, nos colonies ignorées, méconnues, deviendraient la richesse de la France. Nous voyons les jeunes gens, à qui leur situation sociale permet d'y faire fortune, s'obstiner à végéter dans la métropole; seuls émigrent les travailleurs manuels, qui n'ont pas de chances de réussite, puisqu'ils ont à lutter contre la concurrence à bon marché des indigènes : il faut réagir contre ces tendances.

Très attaché à cette idée, caressée il y a près de cinq ans déjà, la croyant féconde, je milite depuis lors en sa faveur. Je crois que l'heure est proche de sa réalisation ; qu'un autre la prenne à son compte, et l'idée triomphera.

J. de Maistre a écrit : « Une association d'hommes marchant vers un but déterminé ne peut être combattue, ne peut être vaincue que par une association contraire ».

La force actuelle de nos adversaires est dans leur organisation ; notre faiblesse, dans notre manque de cohésion.

Par ces écoles, dont je viens de vous entretenir, je vois le moyen de grouper professionnellement et régionalement les catholiques, et cela dès leur jeunesse.

Nous ne pouvons nous réunir sur le terrain politique. Ce terrain est d'ailleurs superficiel et trop peu stable ; mais *nous pouvons être forts, si, sachant orienter notre vie, nous sommes les premiers sur le terrain économique et professionnel.* La politique, c'est un parasite ; les écoles dont je vous ai parlé, elles, nous armeraient, me semble-t-il, pour la vie pratique et aussi en vue d'un apostolat fécond.

Nous formerions en France une petite élite dont les membres, se soutenant entre eux et par là même puissants, réaliseraient le programme de l'*Association catholique de la Jeunesse française : «* Se connaître dès la jeunesse, vivre ensemble les mêmes rêves, et préparer pour l'âge viril de glorieuses réalités. » Ne nous laissons pas hypnotiser par les tristesses du moment. L'avenir est à ceux qui auront l'influence professionnelle, sachons le comprendre.

FIN

TABLE DES MATIÈRES

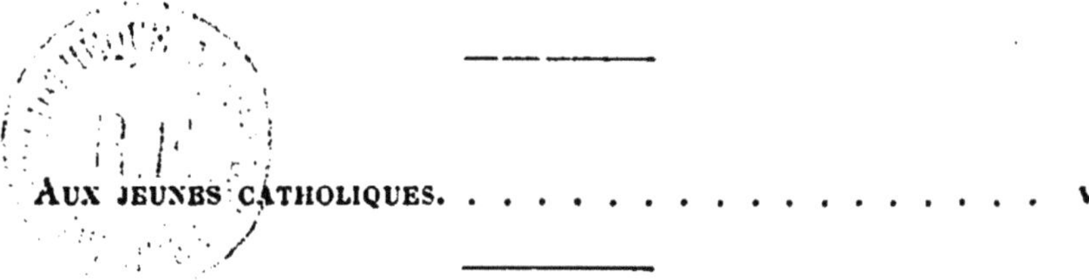

PREMIÈRE PARTIE
LES CARRIÈRES AGRICOLES ET INDUSTRIELLES

PREMIÈRE SECTION
L'AGRICULTURE

CHAPITRE PREMIER
L'INSTITUT AGRONOMIQUE

CHAPITRE II
L'INSTITUT AGRICOLE DE BEAUVAIS

DEUXIÈME SECTION
L'INDUSTRIE

CHAPITRE PREMIER
La formation de l'ingénieur.
L'ÉCOLE CENTRALE DES ARTS ET MANUFACTURES

CHAPITRE II
Industrie chimique et applications de l'électricité.
L'INSTITUT DE CHIMIE APPLIQUÉE ET L'ÉCOLE SUPÉRIEURE D'ÉLECTRICITÉ
A) INSTITUT DE CHIMIE APPLIQUÉE

CHAPITRE V
LA PROFESSION INDUSTRIELLE

A) A L'USINE

B) EN DEHORS DE L'USINE

DEUXIÈME PARTIE
LES CARRIÈRES LIBÉRALES

PREMIÈRE SECTION
LE DROIT

CHAPITRE PREMIER
LES ÉTUDES DE DROIT

CHAPITRE II
FORMATION PROFESSIONNELLE DE L'AVOCAT

CHAPITRE III

LE NOTARIAT

A) PRÉPARATION AU NOTARIAT

B) EXERCICE DE LA PROFESSION NOTARIALE

CHAPITRE IV

AVOUÉS — GREFFIERS — COMMISSAIRES-PRISEURS

DEUXIÈME SECTION

LA MÉDECINE

HAPITRE PREMIER

LE DOCTORAT EN MÉDECINE

CHAPITRE II

LA MÉDECINE MILITAIRE

CHAPITRE III

LA MÉDECINE DES COLONIES

TROISIÈME PARTIE
LES CARRIÈRES COLONIALES

PREMIÈRE SECTION
VERS LA COLONISATION

CHAPITRE PREMIER
L'ÉCOLE COLONIALE

CHAPITRE II
LE COMMISSARIAT DE LA MARINE

CHAPITRE III
LES DOUANES CHINOISES

DEUXIÈME SECTION

LA COLONISATION

CHAPITRE PREMIER

LA TUNISIE

CHAPITRE II

AVENIR AGRICOLE ET INDUSTRIEL DU TONKIN

A) DIFFÉRENTES CULTURES

B) L'ÉTABLISSEMENT

CHAPITRE III

MADAGASCAR

A) DIFFICULTÉS A VAINCRE

CHAPITRE IV

ALLONS AU CANADA

CONCLUSION

UN COMPLÉMENT NÉCESSAIRE AUX ÉTUDES CLASSIQUES

L'ENSEIGNEMENT PROFESSIONNEL DES CLASSES AISÉES

31283. — Tours, impr. Mame.